Die Zeitdetektive
Entdecker-Handbuch
Rom

Angelika Lenz

Die Zeitdetektive
ENTDECKER-HANDBUCH

ROM

Mit Illustrationen von Boris Braun
und Almud Kunert

Ravensburger Buchverlag

Bibliografische Information der Deutschen Nationalbibliothek:

Die Deutsche Nationalbibliothek verzeichnet diese Publikation in der Deutschen Nationalbibliografie; detaillierte bibliografische Daten sind im Internet über **http://dnb.d-nb.de** abrufbar.

FSC www.fsc.org
MIX
Papier aus verantwortungsvollen Quellen
FSC® C014496

4 3 2 1   14 13 12 11

Postfach 1860, 88188 Ravensburg

Text: Angelika Lenz
Fachliche Beratung: Dr. Kathrin Jaschke
Redaktion: Yvonne Stein, Julia Reindl
Umschlaggestaltung: dieBeamten.de |
Anja Langenbacher und Reinhard Raich
Umschlagfotos: iStockphoto
Illustrationen: Boris Braun (Sachillustrationen),
Almud Kunert (Zeitdetektive)

ISBN 978-3-473-55181-1

www.ravensburger.de

Inhalt

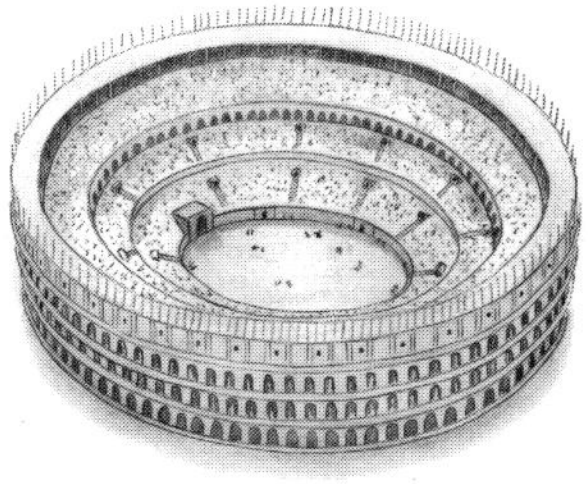

Die Zeitdetektive

Der schlaue Julian, der sportliche Leon, die schlagfertige Kim und die ägyptische Katze Kija: Das sind die Zeitdetektive. Die vier zieht es immer wieder in die Vergangenheit, wo sie mysteriösen Verbrechen und ungelösten Rätseln auf den Grund gehen.

Zeitreisen mit dem Raum Tempus

Julian hat von seinem Opa Reginald den Schlüssel zur Bibliothek des Benediktinerklosters St. Bartholomäus geerbt. Dort liegt versteckt hinter einem Bücherregal der Eingang zu dem Zeit-Raum „Tempus". Von ihm führen Tausende von Türen in die Vergangenheit – für jedes Jahr der Weltgeschichte eine.

Wenn Julian und Co. sich für einen Fall in einer vergangenen Epoche interessieren, gehen sie zu der Tür mit der entsprechenden Jahreszahl. Dann denken sie ganz fest an den Ort, an den ihre Reise gehen soll. Sie werden in ein schwarzes Loch gezogen – und landen in einer anderen Zeit. Sobald sie den Fall gelöst haben, kehren sie an ihren „Landeplatz" zurück. Durch ein Zeittor gelangen sie zurück in die Gegenwart. Egal wie lange sich die Freunde in der Vergangenheit aufgehalten haben: In ihrem Heimatstädtchen Siebenthann ist nicht einmal eine Sekunde vergangen.

Zu diesem Entdecker-Handbuch

Damit du für deine Zeitreise gewappnet bist, erfährst du in diesem Buch alles, was du über das alte Rom wissen musst. Dabei begleiten dich die vier Freunde:

Julian fragt nach
Julian hat die Antworten auf die wichtigsten Fragen rund um das antike Rom nachgelesen und liefert dir viele Informationen.

Leons Tipp
Leon gibt dir Tipps zu Land und Leuten, sodass auf deiner Zeitreise nichts schiefgehen kann.

Kims Aufgabe
Hier bist du gefordert: Kim bittet dich um deine Hilfe bei der Lösung von Aufgaben.

Kija schnappt auf ihren Streifzügen allerhand auf. Nun sollst du erst einmal raten, ob sie eine richtige oder eine falsche Information weitergibt. Die Auflösung findest du wie bei Kims Aufgaben umgedreht unter der Aufgabe.

Entdecke das antike Rom!

Bist du neugierig, in welchen Häusern die alten Römer wohnen, wie es bei den Kämpfen im Kolosseum zugeht und was die Kinder in ihrer Freizeit machen? Willst du wissen, wie weit sich das römische Weltreich ausdehnt und welche Götter die Römer verehren? Dann tritt ein in den Raum Tempus – und los geht's!

Auf einen Blick

Was erwartet dich? Eine spannende Abenteuerreise mit mutigen Legionären und Gladiatoren, spannenden Wagenrennen und genialen Bauwerken

Wer kommt mit? Julian, Kim, Leon, Kija und du

Wohin geht die Reise? Nach Rom im heutigen Italien

In welche Zeit reist du? 753 v. Chr. bis 476 n. Chr.

Was brauchst du für die Reise? Abenteuerlust, Sportsgeist, Mut und Erfindungsgabe

Lies nach!

Die wichtigsten Begriffe kannst du im Glossar auf den Seiten 122 und 123 nachlesen!

ERSTE BEGEGNUNG MIT DEM ALTEN ROM

Wenn du als Zeitdetektiv ins alte Rom reist, sei dir bewusst, dass du es hier mit einer echten Weltmacht zu tun hast! Mit ihren gut ausgerüsteten Armeen haben die Römer ein gewaltiges Reich erobert. Die Zeitdetektive geben dir in diesem Kapitel einen Schnellkurs in Sachen römische Geschichte.

Der Aufstieg zur Weltmacht

Von Rom ausgehend erobern die Armeen zuerst die benachbarten Stadtstaaten, dann ganz Italien und weitere Länder. In seiner Blütezeit um das Jahr 117 erstreckt sich das Römische Reich von Schottland im Norden bis nach Ägypten im Süden und von Spanien im Westen bis nach Syrien im Osten. Dieses gewaltige Imperium wird von der Hauptstadt Rom aus regiert.

Das Römische Reich um 117 n. Chr.

Aus „Römische Geschichte“

Kein Staat hat bis jetzt eine solche Größe und Dauer erreicht. Die Grenze der Römer ist das Weltmeer und sie beherrschen das ganze Mittelmeer mit allen seinen Inseln und im Weltmeer Britannien.

Appian von Alexandria

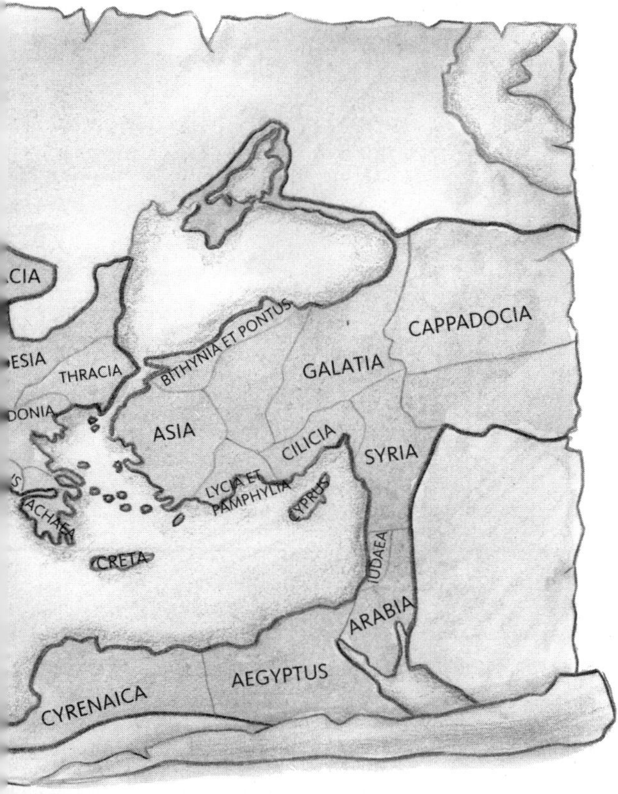

Woher hat die Stadt Rom ihren Namen?

Die Legende besagt, dass Rom von den Zwillingen Romulus und Remus gegründet wurde, den Söhnen des Kriegsgottes Mars. Sie wurden nach ihrer Geburt ausgesetzt. Eine Wölfin rettete ihnen das Leben und zog sie groß. Im Jahr 753 v. Chr. erschlug Romulus seinen Bruder und gründete die Stadt Rom, die nach ihm benannt wurde. In Wirklichkeit sind die beiden aber pure Erfindung und die Stadt entwickelte sich wahrscheinlich schon gut 200 Jahre früher.

Die Wölfin mit Romulus und Remus ist das Wahrzeichen der Stadt.

Hast du eine Ahnung?

Viele Sprichwörter, die wir heute verwenden, haben ihre Wurzeln in der Vergangenheit. Was meinst du, warum sagt man: „Rom wurde auch nicht an einem Tag erbaut“?

a. Weil es in einer Nacht erbaut wurde.
b. Weil es an einem Tag zerstört wurde.
c. Um auszudrücken, dass gute Dinge Zeit brauchen.

Lösung: c. Rom wuchs über viele Jahrhunderte hinweg und jeder Herrscher ließ neue Gebäude bauen.

Schon gewusst?

Unser Wort „Palast“ kommt von dem Namen eines römischen Hügels, dem Palatin! Dort ließen die Kaiser ihre Wohnsitze errichten. In vielen Sprachen heißen die Häuser der Herrscher heute ähnlich: Aus Palatin wurde zum Beispiel „palazzo“ im Italienischen und „palace“ im Englischen.

In einer solchen Hütte soll der Stadtgründer Romulus auf dem Palatin gelebt haben.

Wahr oder falsch?

Rom liegt auf einem Hügel, um den herum sieben Flüsse fließen.

Das ist falsch! Es ist genau andersrum: Rom entstand aus Dörfern, die auf sieben Hügeln und den Tälern am Fluss Tiber liegen.

Die Geschichte des alten Roms

Im Lauf seines Bestehens erlebt das Römische Reich drei verschiedene Herrschaftsformen. Zuerst wird es von Königen regiert. Dann vertreiben die Römer den letzten König und gründen eine Republik. Doch immer wieder gibt es Bürgerkriege, in denen verschiedene Feldherrn um die Macht streiten. Ab 27. v. Chr. wird Rom von Kaisern beherrscht.

» KÖNIGSZEIT

Um 1000 v. Chr.	Auf den römischen Hügeln entstehen erste Siedlungen.
753 v. Chr.	Der Legende nach gründet Romulus Rom. Danach wird Rom von Königen regiert.

» REPUBLIK

509 v. Chr	Der letzte König wird gestürzt und Rom wird Republik.
500–272 v. Chr.	Die Römer erobern ganz Italien.
264–146 v. Chr.	In den drei Punischen Kriegen besiegen die Römer Karthago. Griechenland, Spanien, Südfrankreich, die heutige Türkei und Nordafrika werden römische Provinzen.
73 v. Chr.	Sklavenaufstand unter Führung des Spartakus

59–50 v. Chr.	Gaius Julius Cäsar wird Konsul. Er erobert Gallien (Frankreich) und fährt bis nach Britannien.
49–45 v. Chr.	Bürgerkrieg. Cäsar wird Alleinherrscher.
44 v. Chr.	Cäsar wird ermordet.
42–31 v. Chr.	Bürgerkrieg. Oktavian siegt über Marcus Antonius. Ägypten wird römische Provinz.

» KAISERZEIT

31 v. Chr.–14 n. Chr.	Oktavian ist erster römischer Kaiser und wird fortan Augustus genannt.
16 v. Chr.	Beginn der Eroberung Germaniens
43 n. Chr.	Kaiser Claudius erobert den Süden Britanniens.
54–68 n. Chr.	Nero ist römischer Kaiser.
64 n. Chr.	Großer Brand von Rom
98–117 n. Chr.	Trajan ist Kaiser. Das Römische Reich erreicht seine größte Ausdehnung.
305–337 n. Chr.	Konstantin verlegt die Hauptstadt des Römischen Reichs nach Byzanz (später Konstantinopel, heute Istanbul). Er war der erste Kaiser, der die Christen nicht verfolgte.
395 n. Chr.	Das Römische Reich wird geteilt in ein West- und ein Oströmisches Reich.
476 n. Chr.	Der letzte weströmische Kaiser wird von den Germanen abgesetzt. Das Oströmische Reich bleibt bestehen.

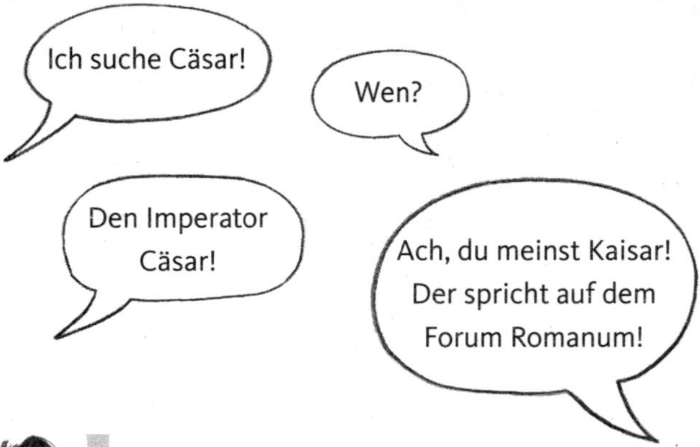

So sprichst du den Imperator richtig an!
Wenn heutzutage jemand von einem der größten römischen Herrscher, nämlich Cäsar, erzählt, spricht er bestimmt „c“ wie „z“ und „ae“ wie „ä“ aus: „Zäsar“ also. In den Straßen Roms würdest du dich mit dieser Aussprache aber ganz schön lächerlich machen. Ein echter Römer spricht „c“ nämlich „k“ aus und sagt „Kaisar“! Also sag bitte auch „Takitus“ zu dem Senator Tacitus und „Kikero“ zu dem Dichter Cicero.

Schon gewusst?

An den Germanen beißen sich die Römer die Zähne aus! Im Jahr 9 n. Chr. werden die Legionen des Römers Varus in einer Schlacht nahe des Teutoburger Walds vernichtend geschlagen. Sie schaffen es nicht, mehr von Germanien zu erobern als ein kleines Gebiet westlich des Rheins.

WER SIND DIE RÖMER?

**In den Straßen Roms triffst du auf Schritt und Tritt Römerinnen und Römer.
In diesem Kapitel lernst du sie näher kennen: Welche Sprache sprechen sie, was finden sie richtig gut und was können sie gar nicht leiden?
Wenn du das weißt, kannst du dich benehmen wie einer von ihnen und keiner merkt, dass du ein Entdecker aus einer anderen Zeit bist!**

Wer sind die ersten Römer?

Die Menschen, die in den Dörfern auf den sieben Hügeln am Tiber leben, heißen Latiner. Das Wort kommt von Latium – so heißt die fruchtbare Gegend. Im 8. Jahrhundert v. Chr. schließen sich die Siedler zusammen und aus den Dörfern wächst allmählich die Stadt Rom. Nördlich von Rom leben Etrusker und um 600 v. Chr. wird Rom sogar von etruskischen Königen beherrscht, bis die Römer im Jahr 509 v. Chr. den letzten Etruskerkönig hinauswerfen.

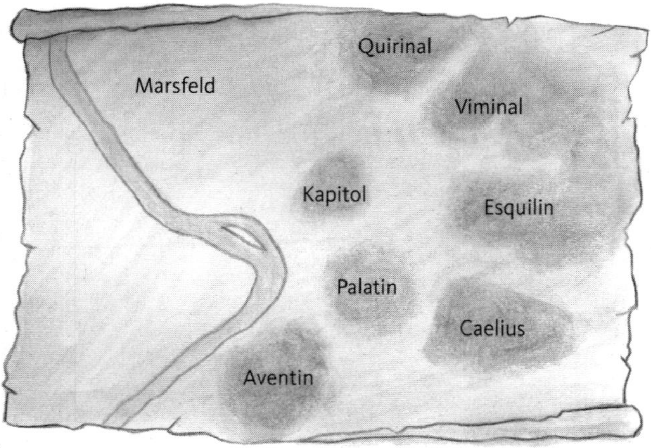

Wahr oder falsch?

Die Römer bauen im 3. Jahrhundert Hochhäuser für die wachsende Bevölkerung, die noch heute stehen.

Das ist falsch! Viele der nachlässig gebauten Hochhäuser stürzen schon nach kurzer Zeit ein und es kommt zu Toten und Verletzten.

Ein einheitliches Reich

Münze mit dem Porträt Trajans

Die unterworfenen Gebiete werden zu römischen Provinzen. Überall im Reich gelten die gleichen Gesetze und die Menschen sprechen dieselbe Sprache und bezahlen mit demselben Geld. Ihren Bräuchen und ihrer Religion dürfen die eroberten Völker in den Provinzen aber weiterhin nachgehen. Unter Kaiser Trajan, der von 98 bis 117 n. Chr. regiert, ist das Römische Reich so groß und mächtig wie niemals zuvor oder danach.

Aus der „Aeneis" von Vergil

Du aber, Römer, gedenke die Völker der Welt zu beherrschen (denn darin liegt deine Kunst) und schaffe Gesittung und Frieden, schone die Unterworfenen und ringe die Trotzigen nieder.

Die Feinde Roms

Auf dem Weg zur Weltmacht führt Rom Eroberungskriege gegen viele Völker, darunter Griechen, Karthager, Germanen und Kelten. Manchmal wird Rom auch selbst angegriffen. Im 4. Jahrhundert v. Chr. etwa nehmen die Kelten beinahe die Stadt ein. Der karthagische Feldherr Hannibal zieht im 3. Jahrhundert v. Chr. von Spanien her mit 50 000 Fußsoldaten, 9000 Reitern und 37 Kriegselefanten über die Alpen nach Italien. Er gewinnt eine Schlacht nach der anderen, wird aber schließlich im Jahr 202 v. Chr. von den Römern besiegt.

Der karthagische Feldherr Hannibal zieht mit 37 Elefanten über die Alpen nach Italien

Das Geschnatter der Gänse warnt die römischen Wachen vor dem Angriff der Kelten

Aufmerksame Tiere

In einer Nacht im Jahr 387 v. Chr. unternehmen die Kelten den Versuch, zuerst die Festung auf dem Kapitolshügel und schließlich die ganze Stadt Rom einzunehmen. Doch durch das laute Geschnatter der Gänse aus dem Tempel der Göttin Juno werden die Wachen gewarnt und vertreiben die Angreifer.

Schon gewusst?

Die Römer halten viele andere Völker für unzivilisierte Barbaren! Vor allem die bärtigen Germanen und Kelten aus dem Norden Europas sind in ihren Augen wild, ungebildet und grausam. Die römischen Geschichtsschreiber sind entsetzt über ihre Sitten.

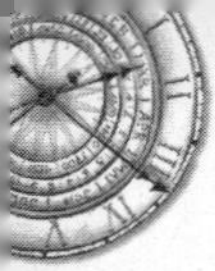

Das musst du bei den Römern beachten
Damit du dich als Zeitreisender richtig wohlfühlen kannst unter den alten Römern, solltest du dir über diese Dinge im Klaren sein.

Tipps für das antike Rom

- Die Römer sind mächtig stolz auf ihr riesiges Weltreich. Zeige dich beeindruckt!
- Die Germanen (unsere Vorfahren) sind ein wunder Punkt, weil die Römer sie einfach nicht besiegen können. Erwähne lieber nicht, dass du auch ein Germane bist!
- Bei Tisch gehört auch lautes Rülpsen zum guten Ton.
- Die Römer essen im Liegen – du musst vielleicht ein bisschen üben, bis dir beim Trinken der Saft nicht mehr aus dem Mundwinkel läuft.
- Sie essen mit den Fingern und bringen zu Festen ihre eigene Serviette mit.
- Auf Christen sind die Römer nicht gut zu sprechen. Falls du getauft bist, sag ihnen das unter keinen Umständen.
- Die Römer gehen jeden Nachmittag baden. Also denk an deine Körperpflege!

Die Welt der Römer

Den Menschen im alten Rom erscheint ihr Imperium noch viel gewaltiger als uns heute, denn sie vergleichen seine Größe nicht mit dem ganzen Rest der Welt. Zu ihrer Zeit sind Amerika und Australien noch nicht bekannt; auch von Europa, Afrika und Asien sind nur Teile erforscht.

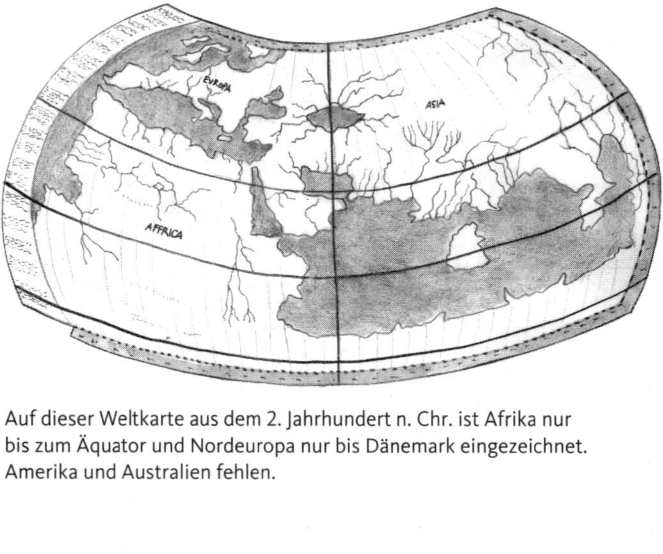

Auf dieser Weltkarte aus dem 2. Jahrhundert n. Chr. ist Afrika nur bis zum Äquator und Nordeuropa nur bis Dänemark eingezeichnet. Amerika und Australien fehlen.

Schon gewusst?

Die Römer nennen das Mittelmeer „mare nostrum" – unser Meer. Schließlich gehören alle Länder am Mittelmeer zu ihrem gigantischen Weltreich.

Eine Kichererbse im Namen

Auf dem Forum Romanum, dem größten Platz in Rom, triffst du Marcus Tullius Cicero, einen der bedeutendsten Schriftsteller und Redner Roms. Er erklärt dir, woraus sich sein Name zusammensetzt:

Wie man heißt

Vornamen
Aulus, Appius,
Decimus, Gaius,
Gnaeus, Kaeso,
Lucius, Manius,
Marcus, Numerius,
Publius, Quintus, Servius,
Spurius, Tiberius, Titus

Familiennamen
Aemilius, Antonius,
Aurelius, Cassius,
Claudius, Cornelius,
Flavius, Gallius,
Julius, Livius, Marius,
Octavius, Porcius,
Tullius, Valerius

Beinamen
Brutus (Dummkopf), Bulbus (Zwiebel), Cato (der Scharfsinnige), Flavus (der Blonde), Lentulus (der Langsame), Lepidus (der Hübsche), Longus (der Lange), Lupus (Wolf), Plautus (Plattfuß), Quadratus (der Stämmige), Severus (der Ernste)

Such dir einen Namen aus!
Damit du als echtes Römerkind durchgehst, brauchst du einen passenden Namen – stelle dir mithilfe der Listen einen zusammen! Als Mädchen ersetzt du nur die Endung -us des Familiennamens durch die Endung -a. So wird aus Julius Julia und aus Antonius Antonia. Du heißt dann zum Beispiel Quintus Julius Flavus oder Livia Lepida.

Nach welchem Kalender leben die Römer?

Der Kalender ist nach dem berühmten Feldherrn Julius Cäsar benannt, der ihn im Jahr 46 v. Chr. entwickelt hat. Das Jahr des julianischen Kalenders hat 365 Tage und alle vier Jahre wird ein zusätzlicher Tag, der Schalttag, eingefügt. Die Römer zählen die Tage des Monats nicht einfach von Anfang bis Ende durch wie wir (etwa 18. Mai), sondern sie zählen von drei festen Tagen im Monat aus rückwärts. Diese Tage sind die Kalenden, Nonen und Iden (in der Tabelle siehst du, auf welche Tage sie fallen). Bei den Römern ist also z. B. der 2. Juni „der 3. Tag vor den Nonen des Juni“ (drei Tage vor dem 5. Juni), der 10. Mai „der 5. Tag vor den Iden des Mai“ (fünf Tage vor dem 15. Mai) und der 31. Juli „der Tag vor den Kalenden des August“ (ein Tag vor dem 1. August).

Feste Tage	März, Mai, Juli, Oktober	Übrige Monate
Kalenden	1. Tag	1. Tag
Iden	15. Tag	13. Tag
Nonen	7. Tag	5. Tag

Welches Datum ist gemeint?
Du findest ein Stück Papyrus, das offensichtlich von dem Tagebuch eines römischen Legionärs stammt. Kannst du mithilfe der Tabelle seine Datumsangaben umrechnen? Kleiner Tipp: Der Mai hat 31 Tage.

8. Tag vor den Iden des Mai. Haben den römischen Teil Britanniens hinter uns gelassen. Marschieren durch Feindesland nordwärts.

2. Tag vor den Kalenden des Juni. Heute kam es zum erbitterten Kampf Mann gegen Mann. Die britischen Krieger sahen mit ihrer wilden Körperbemalung und den abstehenden Haaren schrecklich aus und kämpften auch so. Doch wir waren siegreich.

6. Tag vor den Nonen des Oktober. Verlieren eine Schlacht nach der anderen gegen die Barbaren. Müssen den Rückzug antreten. Diese Wilden lassen sich einfach nicht besiegen.

Lösung: 7. Mai, 30. Mai, 1. Oktober

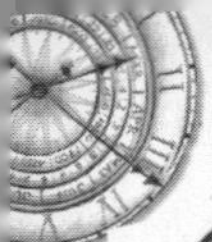

Lateinische Knobelei

Die Sprache der alten Römer ist Latein. Für dieses Rätsel brauchst du keine Lateinkenntnisse: Mit ein bisschen Knobeln kannst du es auch so lösen. Übertrage das Rätsel auf ein Stück Papier und setze die passende lateinische Übersetzung für die deutschen Wörter in die Kästchen ein. Die bereits eingetragenen Buchstaben und die darunterstehenden Wörter helfen dir, die richtige Lösung zu finden.

1. Neugier	C											
2. Freund		M			U	S						
3. Gefahr			R	I								
4. Strafe		O										
5. Zeit				P		S						
6. Stärke, Mut		O		T		T						
7. Detektiv									A			
8. Glück							A					
9. Geld	A											
10. Spaß				I	C							

poena, fortitudo, fortuna, ridiculum, investigator, curiositas, argentum, tempus, amicus, periculum

Lösung: Neugier – curiositas, Freund – amicus, Gefahr – periculum, Strafe – poena, Zeit – tempus, Stärke, Mut – fortitudo, Detektiv – investigator, Glück – fortuna, Geld – argentum, Spaß – ridiculum

So unterhältst du dich wie ein echter Römer!

Wenn du in Rom zufällig einen Freund triffst, könnte sich euer Gespräch etwa so anhören:

„Salve, amice!“	*„Sei gegrüßt, mein Freund!“*
„Ave! Quomodo vales?“	*„Sei gegrüßt! Wie geht es dir?“*
„Bene, gratias! Sol lucet omnibus.“	*„Danke, gut! Die Sonne scheint für alle.“*
„Quo vadis?“	*„Wohin gehst du?“*
„In tabernam.“	*„Ins Wirtshaus.“*
„Prosit!“	*„Es möge nützen!“*
„In vino veritas.“	*„Im Wein ist Wahrheit.“*
„Ex nihilo nihil.“	*„Von nichts kommt nichts.“*
„Ita est.“	*„So ist es.“*
„Vale!“	*„Leb wohl!“*
„Carpe diem!“	*„Nutze den Tag!“*

Wahr oder falsch?

Den Römern haben wir die Wörter Video und Computer zu verdanken.

Das stimmt – die Wörter stammen aus dem Lateinischen. „Video“ bedeutet „ich sehe“ und „computare“ heißt „rechnen“.

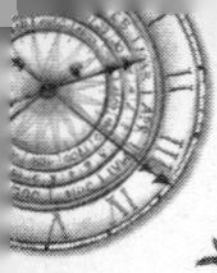

Haben wir das gleiche Alphabet wie die Römer?

Unser Alphabet haben wir von den Römern geerbt. Wir haben aber drei Buchstaben mehr als die Römer: j, u und w. Im Mittelalter wurde der Buchstabe i zu i und j und aus v wurde u, v und w. Julius wird bei den Römern also noch IVLIVS geschrieben. In lateinischen Texten gibt es weder Kleinbuchstaben noch Satzzeichen.

Entschlüssle die Nachricht!

Bedenke: i kann für i und j und v für u, v und w stehen!

GANZVICHTIGMERKEDIRDENORTGVTANDEMDV
MITTEMPVSGELANDETBISTVENNDVDIESENVERGISST
KANNSTDVNIEMEHRZVRVECKINDIEGEGENVARTREISEN

Lösung: Ganz wichtig: Merke dir den Ort gut, an dem du mit Tempus gelandet bist! Wenn du diesen vergisst, kannst du nie mehr zurück in die Gegenwart reisen.

IN KRIEG UND FRIEDEN

Das Römische Reich hat über 30 Provinzen. Fragst du dich, wie die Römer andere Völker erobern und wie sie das Imperium gegen ihre Feinde schützen? In diesem Kapitel erfährst du es! Natürlich lernst du dabei auch die mächtigen Männer kennen, die die Geschicke Roms lenken.

Solche und solche Römer

An der Spitze der Gesellschaft stehen die adligen Römer, die reichen Patrizier. Eine Stufe unter ihnen stehen die nicht adligen Bürger, die Plebejer. Einige wohlhabende Plebejerfamilien steigen mit der Zeit in die obere Schicht auf. Die breite Unterschicht bilden die armen Proletarier. Die Sklaven auf der untersten Stufe haben keine Rechte. In Rom gibt es fast 400 000 davon.

Manche Sklaven versuchen, ihrem Herrn zu entfliehen. Nach mehreren Versuchen bekommen sie einen solchen Ring um den Hals gehängt, auf dem der Name ihres Herrn steht.

Wer hat in der römischen Republik das Sagen?

In der Zeit der Republik werden die Gesetze vom Senat, dem „Ältestenrat“, erlassen. Die Rechte des nicht adligen Volkes werden durch die Volkstribunen vertreten: Indem sie im Senat „Veto!“ sagen, können sie Gesetze ablehnen. „Veto“ heißt „Ich verbiete!“.

Geh zum Zentrum der Macht!

Auf dem Forum Romanum in der Stadtmitte kannst du beobachten, wie in Rom Politik gemacht wird: Hier finden öffentliche Versammlungen und Triumphzüge statt. Die Menschen tauschen Neuigkeiten aus oder hören sich Wahlreden an. Vielleicht hält gerade ein Politiker auf der Tribüne eine Ansprache ans Volk.

Rund um den Platz stehen Regierungs- und Gerichtsgebäude, Tempel und Markthallen.

Welche fünf Herrscher muss man unbedingt kennen?

Augustus, der erste Kaiser Roms
Regierungszeit: 27 v. Chr.–14 n. Chr.
Besonderheiten: Ich hieß Oktavian, bis ich als Kaiser den Ehrennamen Augustus („der Erhabene“) erhielt.
Stärken: Ich festigte das Römische Reich und brachte ihm Frieden.
Schwächen: Meine Angst, wie Cäsar im Senat ermordet zu werden. Deshalb trug ich dort stets einen Brustpanzer unter der Toga.
Motto: Eile langsam!

Nero, Kaiser, Dichter und Sänger
Regierungszeit: 54–68 n. Chr.
Besonderheiten: Meine Mutter vergiftete meinen Adoptivvater Claudius, um mich auf den Kaiserthron zu bringen.
Stärken: Ich förderte die Wissenschaften und die Künste.
Schwächen: Ich ließ viele Leute umbringen, darunter meine Mutter, meine Frau und viele Christen.
Motto: Welch ein Künstler stirbt mit mir!

Caligula, der Tyrann
Regierungszeit: 37–41 n. Chr.
Besonderheiten: Ich wurde mitsamt meiner Familie getötet.
Stärken: Brauchte ich nicht!
Schwächen: Ich war blutdürstig und ließ viele politische Gegner töten. Vielleicht war ich ein bisschen verrückt.
Motto: Ich bin ein Gott!

Trajan, der geliebte Kaiser
Regierungszeit: 98–117 n. Chr.
Besonderheiten: Unter meiner Herrschaft erlebte Rom seine Glanzzeit.
Stärken: Verantwortungsbewusstsein und Mut zur Eroberung
Schwächen: Eine Vorliebe für Wein und kriegerische Auseinandersetzungen
Motto: Niemand soll mich fürchten, bis auf meinen Feind.

Julius Cäsar, Feldherr und Staatsmann
Lebenszeit: um 100–44 v. Chr.
Besonderheiten: Ich wurde von einer Gruppe Senatoren erdolcht.
Stärken: Ich unterwarf ganz Gallien und einen Teil Germaniens.
Schwächen: Ich wollte allein herrschen – das wurde mir zum Verhängnis.
Motto: Ich kam, sah und siegte.

Vorsicht, nicht zu nahe kommen!
Ich habe ein paar Dinge über gewisse Kaiser in Erfahrung gebracht, die du wissen solltest. Von diesen verrückten Herren hältst du dich besser fern!

- Caligula liebt sein Pferd Incitatus so sehr, dass er es zum Konsul wählen ließ.
- Wenn Claudius wütend ist, bekommt er Schaum vor dem Mund und beginnt zu stottern.
- Commodus tritt gern als Gladiator in der Arena auf und zeigt sich manchmal wie Herkules im Löwenfell mit Keule.
- Elagabalus erlaubt sich gern makabre Scherze. Einmal ließ er im Theater Giftschlangen frei und amüsierte sich köstlich darüber, wie die Leute in Panik gerieten.

Commodus

Schon gewusst?

Die Prätorianergarde, die die Aufgabe hat, als persönliche Leibwache das Leben des Kaisers zu beschützen, bringt selbst mehrere römische Kaiser um! Sie ermorden die Herrscher, mit denen sie nicht einverstanden sind, und ersetzen sie durch neue.

Das unvollkommene Mosaik

Der Prätorianerpräfekt Porcius hat einem Mosaikleger den Auftrag gegeben, eine Wand seiner Villa mit einem lebensgroßen Bild von sich zu verzieren. Der Handwerker hat das Mosaik in zehn Einzelteilen vorgefertigt. Sieben hat er schon auf der Wand angebracht, drei fehlen noch. Welche drei braucht er?

Lösung: 2, 3 und 6

Hauptsache üppig

Nicht nur die Kaiser, auch andere hochgestellte Römer feiern gern ausufernde Bankette und Festgelage. Die Feiern beginnen schon nachmittags und gehen bis tief in die Nacht hinein. Dabei werden Unmengen erlesener Speisen aufgetischt und zwischen den Gängen treten Tänzer, Zauberer, Akrobaten und Musikanten auf. Bei den Festen im alten Rom kümmern sich massenweise Sklaven um die Gäste. Jedem Sklaven wird eine bestimmte Aufgabe zugeteilt.

Auf einem römischen Fest wird viel gegessen, getrunken und ausgelassen gefeiert.

Gewürzwein

Bei den Festen fließt auch der Wein in Strömen. Den beliebten Gewürzwein kannst du auch gut mit Traubensaft nachkochen.

Zutaten

1 l weißer Traubensaft
1 EL Honig
2 Päckchen Glühweingewürz
1/2 Zimtstange
4 Gewürznelken
4 schwarze Pfefferkörner, grob zerstoßen

Zubereitung

1. Gebe Saft und Honig mit einem Liter Wasser in einen Topf.
2. Erhitze die Flüssigkeit (nicht kochen lassen!) und füge die Gewürze hinzu. Rühre um und lasse das Ganze ziehen.
3. Lasse den Gewürzwein abkühlen und seihe ihn dann in einen großen Krug ab. Gut gekühlt servieren.

Aus dem Kochbuch des Apicius

Gefüllte Haselmäuse

Fülle die Haselmäuse mit Schweinehackfleisch und Fleisch von allen Gliedmaßen der Haselmäuse und füge Pfeffer, Pinienkerne, Laserwurzel und Würzsoße hinzu. Nähe die Mäuse zu und lege sie auf Tonziegel in den Ofen oder koche sie in der Backpfanne.

Endlich frei!

Im Haus eines reichen Adligen rennt dich ein junger Mann fast über den Haufen. Er ist außer sich vor Freude.

Komm in die Armee!

Bist du ein freier Bürger Roms, gesund, mindestens 170 cm groß und hart im Nehmen? Dann lass dich in vier Monaten zum Legionär ausbilden!
Du verpflichtest dich für mindestens 20, besser 25 Jahre Kriegsdienst und wirst am Ende mit Geld und Land belohnt.
Verdienst: 3000 Sesterzen pro Jahr.

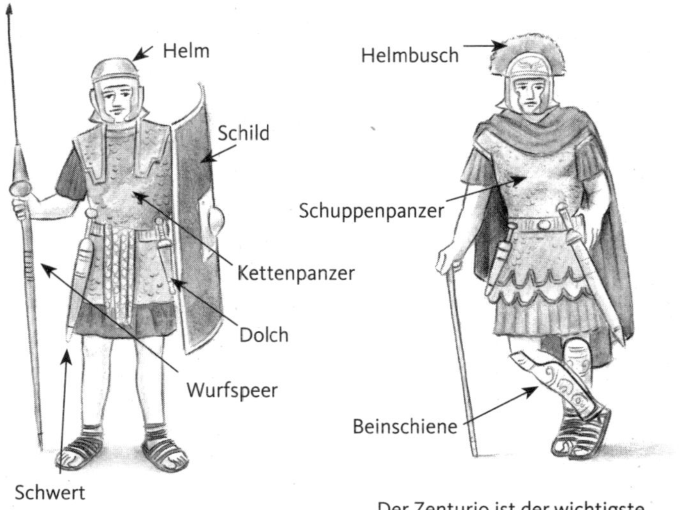

Ein Legionär ist ein einfacher Soldat. Um Legionär zu werden, muss man das römische Bürgerrecht besitzen.

Der Zenturio ist der wichtigste Offizier. Er befehligt in einer Schlacht eine Gruppe von Legionären. Damit er von ihnen gut gesehen wird, trägt er einen Helmbusch.

Wie viele Soldaten sind in einer Legion?

Die römische Armee ist in Einheiten aufgeteilt. Die kleinste Einheit ist die Zenturie. Sie besteht aus etwa 80 Soldaten und wird von einem Zenturio angeführt. Sechs Zenturien ergeben eine Kohorte mit etwa 480 Soldaten und 10 Kohorten sind eine Legion. Somit fasst eine Legion im Durchschnitt 4800 Soldaten. Davon sind die meisten Fußsoldaten, nur ganz wenige kämpfen zu Pferd. Zur Zeit von Kaiser Augustus (27 v. Chr. bis 14 n. Chr.) gibt es 28 römische Legionen.

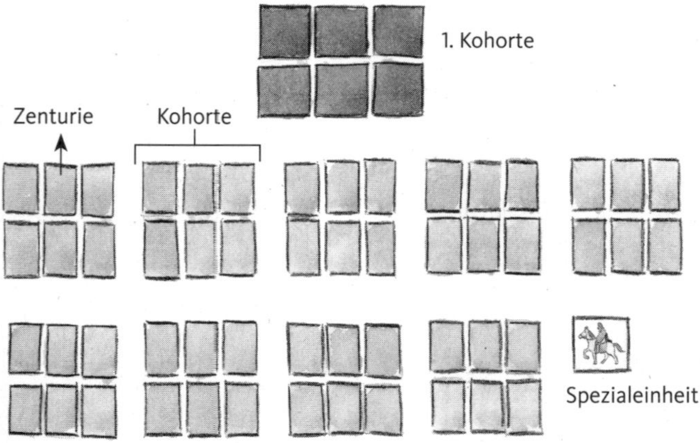

Die besten Soldaten kämpfen in der 1. Kohorte.
Zu den Fußsoldaten kommt eine kleine Spezialeinheit mit Reitern.

Schildkröten zur Verteidigung

Die Römer setzen beim Ansturm auf eine Festung Schildkröten ein. Was meinst du, wie genau machen sie das?

a. Die Römer schicken dressierte Schildkröten vor, um die Gegner zu verwirren.
b. Mit der Schildkröte ist eine bestimmte Formation von Soldaten gemeint, die an eine Schildkröte erinnert.
c. Die Römer halten als zusätzlichen Schutz die Panzer von Schildkröten vor ihr Gesicht.

Lösung: b. Die Soldaten schützen sich beim Angriff vor den Pfeilen der Feinde, indem sie ihre Schilde nach oben, nach vorn und zur Seite halten. Sie verstecken sich darunter wie eine Schildkröte in ihrem Panzer.

Ein Legionär

Schon gewusst?

Eine Legion von 4800 Mann braucht im Jahr 1750 Tonnen Getreide – das sind 1,75 Millionen Kilogramm!
Zum Nachrechnen: Jedem Legionär steht pro Tag 1 Kilogramm Getreide zu und ein Jahr hat 365 Tage.

Auf dem Schlachtfeld

Die römischen Legionäre lehren durch ihre durchdachte Kampftaktik fast jeden Feind das Fürchten. Ihre Gegner stürmen ungeordnet in die Schlacht – ganz anders die Römer: Sie folgen ausgeklügelten Angriffsplänen. Zuerst werfen sie ihren Speer (pilum) auf den Schild des Angreifers, sodass dieser im Kampf behindert ist. Dann rücken sie näher heran und kämpfen mit dem kurzen Schwert (gladius). Dieses Vorgehen nennt man auch „Pilum-Gladius-Taktik“.

Wahr oder falsch?

Jeder Soldat hat einen eigenen Esel, der sein Marschgepäck trägt.

Das ist falsch! Ein Soldat muss sein Marschgepäck selbst an einer Stange über der Schulter tragen.

Womit belagern die Römer Festungen und Städte?

Dafür haben sie Katapulte, Rammböcke und Belagerungstürme auf Rädern mit ausklappbarer Zugbrücke. Von den Katapulten aus schießen sie mit Steinbrocken, mit dem Rammbock durchbrechen sie die Mauern, und die Türme werden an die Mauern gerollt.

10 Dinge, an denen du ein römisches Kastell erkennst

Um die Grenzen ihres Reichs zu schützen, bauen die Römer befestigte Kastelle – alle nach dem gleichen Plan.

1. Graben
2. Steinmauer
3. Großer Platz
4. Stabsgebäude
5. Wohnhaus des Kommandanten
6. Truppenunterkunft
7. Vorratslager
8. Lazarett
9. Ställe
10. Vier Tore

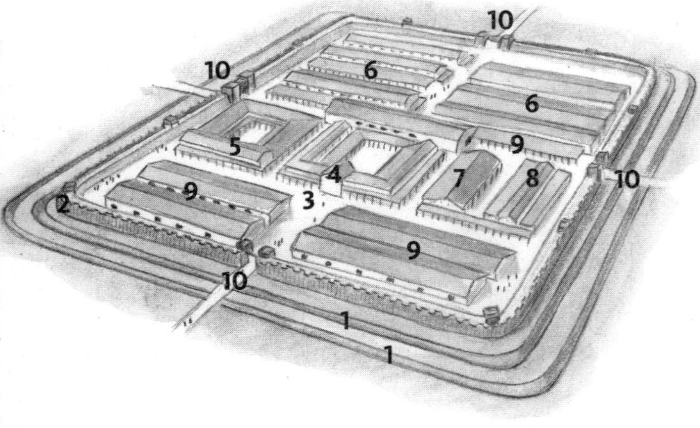

DER GLAUBE DER RÖMER

Die Römer fragen ihre Götter um Rat, versuchen sie mit Opfergaben gnädig zu stimmen und bitten sie um handfeste Hilfe. Und Jupiter und Co lassen tatsächlich mit sich handeln – wenn das Opfer stimmt, sind sie verpflichtet, den Wunsch zu erfüllen! Lass dir die verschiedenen Götter von den Zeitdetektiven vorstellen und sei Gast bei einer römischen Hochzeit und Beerdigung!

Nützliche Götter

Die Römer verehren viele Götter und stellen sich diese in menschlicher Gestalt vor. Die meisten haben sie von den Griechen übernommen und ihnen nur neue Namen gegeben. So wurde aus dem griechischen Gott Zeus zum Beispiel der römische Gott Jupiter. Hier sind die wichtigsten Götter der Römer:

Jupiter – Göttervater und höchster Gott;
Mann der Juno
Kennzeichen: Adler und Blitzbündel
Er sendet Blitz und Donner und schützt die Stadt Rom und den römischen Staat.

Juno – Göttermutter und Göttin der Familie;
Frau des Jupiter
Kennzeichen: Pfau, königliche Kopfbinde oder Granatapfel
Sie schützt Frauen und die Familie.

Minerva – Göttin des Handwerks und der Weisheit
Kennzeichen: Helm mit Helmbusch, Schild und Lanze
Sie ist die Schutzgöttin der Helden und der Stadt Rom

Mars – Gott des Krieges; Geliebter der Venus und Vater von Romulus und Remus
Kennzeichen: Rüstung, Lanze, Schild und Helm
Er schützt den Staat und verleiht Erfolg in der Schlacht.

Venus – Göttin der Liebe und Schönheit; Geliebte des Mars
Kennzeichen: Muschel
Sie verleiht Glück in der Liebe und Fruchtbarkeit.

Merkur – Götterbote und Gott des Handels
Kennzeichen: Flügelhelm, Flügelschuhe und Stab; er beschützt die Reisenden und führt die Seelen in die Unterwelt.

Diana – Göttin des Mondes und der Jagd; Zwillingsschwester des Apollo
Kennzeichen: Pfeil und Bogen
Sie bringt Fruchtbarkeit und hilft bei der Geburt.

Apollo – Gott des Lichts und der Künste; Zwillingsbruder der Diana
Kennzeichen: Kithara oder Pfeil und Bogen
Er heilt Wunden und verleiht die Gabe der Weissagung, ist aber auch ein Rachegott.

Aus dem Lehrbuch für Auguren

Deine Aufgabe als Weissager ist es,
die Götter zu befragen, wenn der Kaiser
wichtige Entscheidungen zu treffen hat.
Wenn deine Hühner die Körner gierig
aufpicken, sind die Götter einverstanden,
lassen sie sie liegen, missbilligen die Götter
die Pläne des Kaisers.

Der Augur ist ein Priester und beobachtet vor einer Schlacht die heiligen Hühner.

Schon gewusst?

Viele Soldaten hängen dem Mithraskult an. Der Gott Mithras verkörpert den ewigen Kampf zwischen Gut und Böse. Die Anhänger – ausschließlich Männer – versammeln sich in teils unterirdischen Tempeln und müssen gefährliche Mutproben bestehen.

Handel mit den Göttern

Vor einem Tempel triffst du den Händler Marcus. Er hat dort gerade eine Fluchtafel vergraben und erzählt dir, was darauf steht.

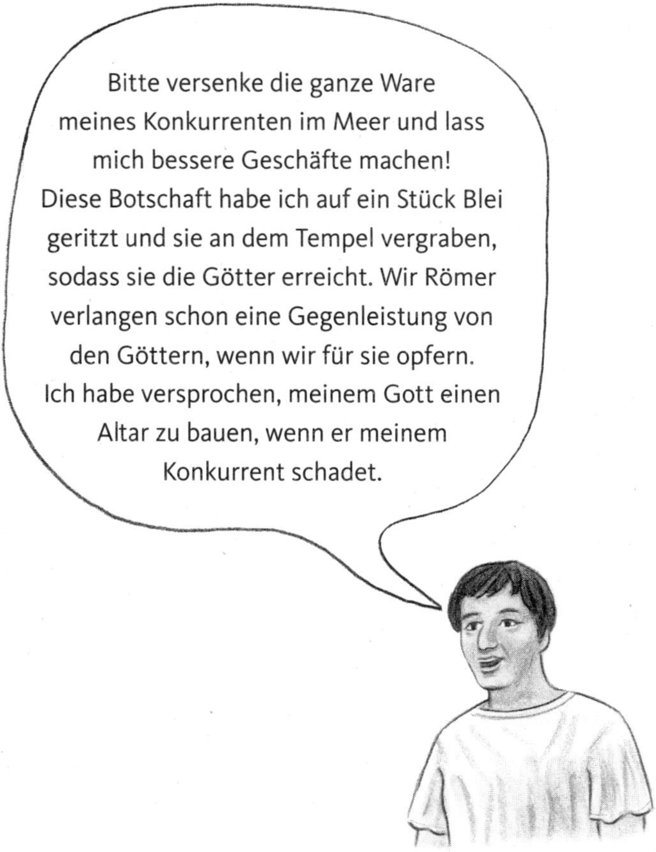

Bitte ein Opfer!

Wenn du im Haus eines Römers lebst, vergiss auf keinen Fall, den Hausgöttern jeden Tag ein Opfer darzubringen. In jedem römischen Haus steht ein Schrein, in dem die Hausgötter verehrt werden. Sie beschützen das Haus und seine Bewohner vor Unglück. Besonders freuen sie sich über Obst, Kuchen und Wein. Aber komm nicht auf die Idee, ihnen ihr Opfer wegzuessen!

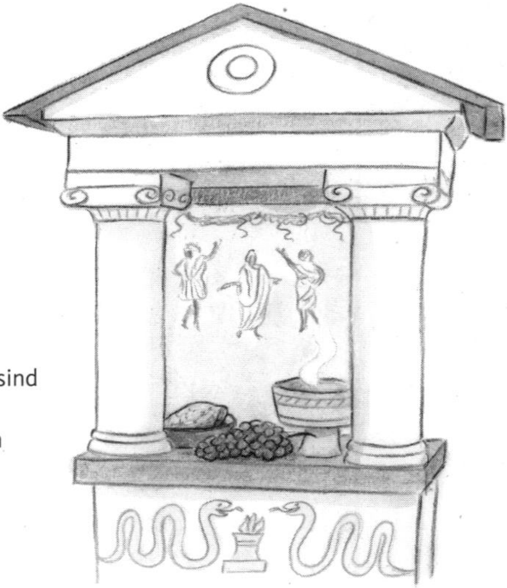

Auf vielen Hausaltären sind Schlangen abgebildet. Die Römer trauen ihnen besondere Kräfte zu.

Wahr oder falsch?

Im Tempel der Vesta, der Göttin des Herdfeuers, brennt ein heiliges Feuer. Es heißt, dass Rom nicht untergehen wird, solange dieses Feuer nicht erlischt.

Das ist wahr! Die Priesterinnen, die Vestalinnen, wachen darüber, dass die Flamme nie ausgeht.

Rette die Hochzeit!

Deine Freundin Livia soll Vitalinus, den Sohn eines Senators, heiraten. Der Vater hat den großen Tag schon durchgeplant, aber vor lauter Freude hat er den Ablauf durcheinandergebracht. Du kannst das sicher richten!

1. Das Festmahl wird in Livias Elternhaus aufgetragen und alle Gäste feiern.
2. Vitalinus trägt Livia über die Schwelle seines Hauses.
3. Ein Astrologe bringt den Göttern vor der Trauung ein Opfer dar.
4. Livia bestreicht die Türpfosten ihres neuen Heims mit Fett und umwindet sie mit Wollfäden.
5. Am Abend vor der Hochzeit legt Livia ihre Mädchenkleidung ab und weiht sie mit ihrem Spielzeug den Göttern.
6. In einem Fackelzug wird Livia zum Haus von Vitalinus begleitet.
7. In Livias Elternhaus schwören sich die Brautleute Treue und unterzeichnen einen Ehevertrag. Dann geben sie sich die Hand, um ihre Ehe zu besiegeln.

Lösung: 5, 3, 7, 1, 6, 4, 2

Die Braut trägt über ihrer Tunika einen Schleier. Auf dem Kopf hat sie einen selbst gepflückten Kranz aus Kräutern und Blumen.

Wo beerdigen die Römer ihre Toten?

Die Römer müssen ihre Toten außerhalb der Stadtmauern begraben, damit sich in Rom keine Seuchen verbreiten. Deshalb errichten die Reichen prunkvolle Grabbauten entlang von Straßen oder auf Friedhöfen vor den Stadttoren. Wohlhabende Römer werden in einem feierlichen Trauerzug zu einem Scheiterhaufen begleitet, wo ihr Leichnam verbrannt wird. Dann sammelt man die Überreste ein und setzt sie in einer Urne bei. Die Christen lehnen die Verbrennung aber ab. Sie graben für ihre Toten ein unterirdisches Tunnelsystem, die Katakomben, und bahren sie dort in Wandnischen auf.

Die reichsten Bürger lassen ihr Grabmal in der Nähe der Stadt errichten. Weiter draußen werden die Grabgrundstücke immer günstiger.

Schon gewusst?

Arme Römer und Sklaven werden in einem Massengrab bestattet! In der Grabkammer sind mehrere Nischen angebracht, in die man Töpfe mit der Asche der Toten stellt. Weil das Ganze aussieht wie ein Taubenschlag, heißt das Grab Kolumbarium, von lateinisch „columba“ für „Taube“.

Kolumbarium

Wahr oder falsch?

Wenn ein Römer beerdigt werden soll, legt man dem Leichnam ein Stück Kuchen in den Mund, damit er auf der Reise ins Jenseits nicht verhungert.

Das stimmt nicht! Man legt ihm eine Münze in den Mund. Sie ist für den Fährmann bestimmt, der den Toten über den Fluss Styx in die Unterwelt rudert.

Musik – ein Geschenk der Götter

Nach römischem Glauben haben die Menschen die Musik von den Göttern bekommen. Sie spielen Kithara (eine Art Gitarre), Lyra (Leier), Tibia (Querflöte), Sistrum (Rassel), Cornu und Bucina (Hörner), Tuba (Trompete) und Tamburin. Viele dieser Instrumente haben sie von den Etruskern übernommen.

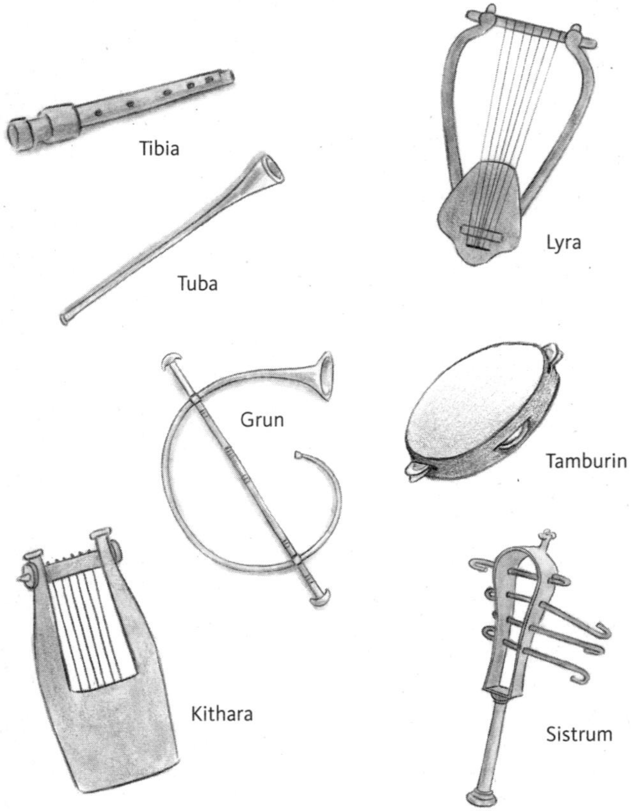

WORIN SIND DIE RÖMER RICHTIG GUT?

Die Römer sind Profis im Bauen: Römische Baumeister und Ingenieure durchziehen das Reich mit gepflasterten Straßen, bauen Wasserleitungen und konstruieren Bogenbrücken. Eines ihrer Meisterwerke ist das Kolosseum, in dem das Volk mit Spielen und Gladiatorenkämpfen unterhalten wird: Nimm dich in Acht, dass du nicht selbst in der Arena landest!

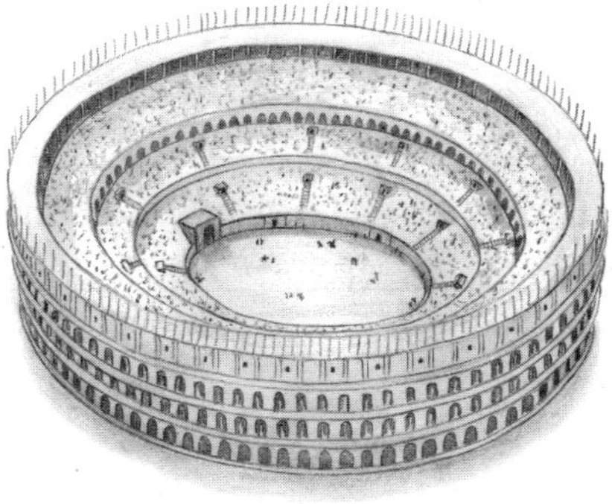

Alle Wege führen nach Rom

Um auch die weit entfernten Provinzen des Römischen Reichs mit der Hauptstadt zu verbinden, bauen die Römer ein Netz von breiten, schnurgeraden gepflasterten Straßen. Über dieses Straßennetz gelangen Truppen zu ihrem Einsatzort, transportieren Kuriere und Postwagen Nachrichten und Händler Waren.

Das römische Fernstraßennetz um 150 n. Chr.

Wahr oder falsch?

Wenn es heftig regnet, steht das Wasser hoch auf den Straßen. Dann fahren die Römer nicht mit Wagen, sondern mit schmalen Booten.

Das stimmt nicht! Die Straßen sind an den Seiten niedriger als in der Mitte, damit das Regenwasser in seitlichen Regenrinnen abfließen kann.

Aus dem Lehrbuch für Straßenbauer

1. Berechne den Straßenverlauf mit deinem Vermessungsgerät, der Groma.

2. Errichte den Straßenrand, indem du auf beiden Seiten Steinblöcke eingräbst.

3. Hebe dazwischen einen Graben aus.

4. Gebe darüber eine Schicht aus Steinbrocken mit Mörtel.

5. Gebe eine Schicht Kieselsteine darüber.

6. Verlege auf den Kieselsteinen die großen Pflastersteine.

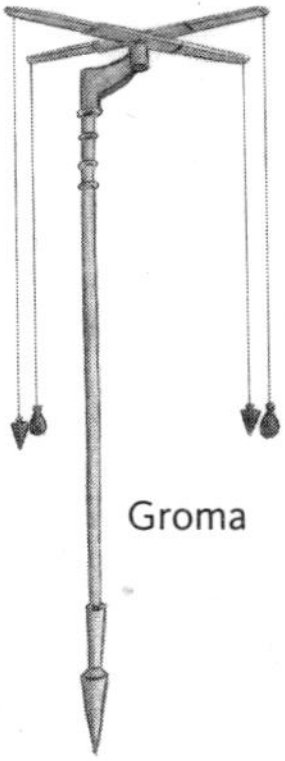
Groma

1 Vertiefung
2 Steinblock
3 Steinbrocken und Mörtel
4 Kieselsteine
5 Pflastersteine

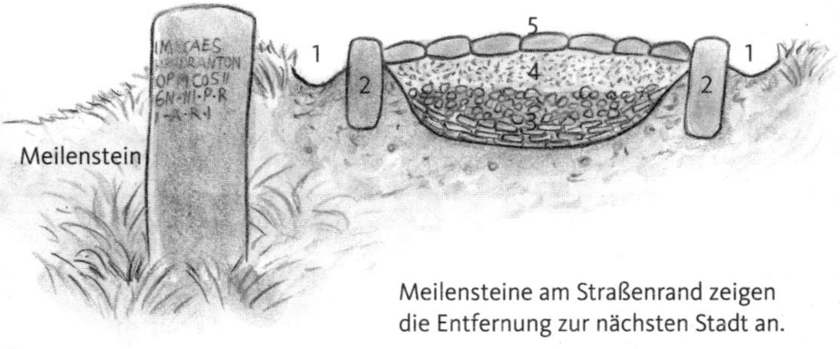

Meilensteine am Straßenrand zeigen die Entfernung zur nächsten Stadt an.

Geniale Erfindung: Beton

Die Griechen haben zwar auch schon ein Gemisch aus Wasser, Kalk, Sand und Kies zum Bauen verwendet, aber dieser frühe Beton war noch wasserdurchlässig. Die Römer mischen Bruchsteine, gebrannten Kalkstein, Vulkanasche und Wasser. Daraus entsteht ein druckfester Beton, der auch unter Wasser aushärtet und extrem haltbar ist. Bauwerke, die mit römischem Beton errichtet wurden, sind so fest gebaut, dass viele davon noch 2000 Jahre später stehen.

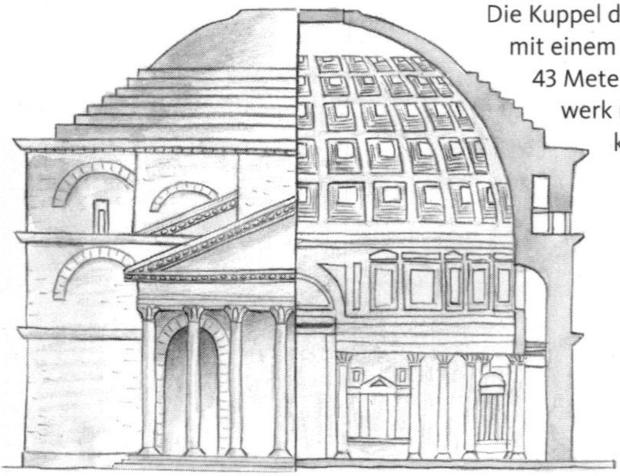

Die Kuppel des Pantheons mit einem Durchmesser von 43 Metern ist ein Meisterwerk römischer Baukunst.

Schon gewusst?

In der Mitte der Kuppel hat das Pantheon eine kreisrunde Öffnung! Damit das Regenwasser abfließen kann, sinkt der Boden zur Wand hin ab.

Stein für Stein

Wenn du mit Tempus in das Jahr 75 n. Chr. zurückreist, kannst du den Maurer Lucius auf der Baustelle des Kolosseums treffen.

Ich arbeite jetzt schon
das fünfte Jahr hier auf dem Bau.
Das wird ein gigantisches Bauwerk!
Zum Glück müssen wir
die schweren Steine nicht nach
oben schleppen. Wir haben nämlich
einen Kran, mit dem wir sie senkrecht
nach oben ziehen können! Das ist
ein schräger Mast, der von Seilen gehalten wird.
Außerdem ist ein großes Tretrad dran,
in dem mehrere Männer laufen
und damit einen Flaschenzug antreiben.

Römischer Baukran

Was ist das Besondere an römischen Brücken?

Römische Ingenieure tüfteln für Brücken eine neue Bauform aus: den Brückenbogen. Dieser macht sie stabiler, sodass diese Brücken problemlos marschierende Legionen und Streitwagen aushalten. Steinerne Bögen sind auch das Kennzeichen einer weiteren Meisterleistung: der Aquädukte. Diese Wasserleitungen führen von der Quelle im Gebirge über mehrstöckige Steinbrücken mit leichtem Gefälle frisches Trinkwasser in die Städte.

Aquädukte führen das Quellwasser aus den Bergen kilometerweit in die Städte.

Finde die Bedeutung!

Der Name „Aquädukt“ kommt aus dem Lateinischen. Wofür er wohl steht? Welche der Antworten erscheint dir am logischsten?

a. „Aqua“ bedeutet „Soldat“ und „dukt“ kommt daher, dass die Soldaten sich beim Überqueren der Steinbrücken ducken mussten, weil diese oft niedrig waren.

b. „Aqua“ steht für „Stein“. Die Römer sahen die Aquädukte und dachten wegen der Brückenbogen an gebogene, geduckte Steine.

c. „Aqua“ ist das lateinische Wort für „Wasser“ und „ductus“ bedeutet „Leitung“ oder „Führung“ – ein Aquädukt ist also ganz einfach eine Wasserleitung.

Lösung: c

Vier Werkzeuge, die du als Ingenieur brauchst!

- Zirkel: zum Ausarbeiten von Plänen und Modellen
- Winkelmesser: um gerade Linien zu ziehen

- Senkblei: damit die Mauer gerade wird
- Fußmaß: zum Ausmessen der Länge

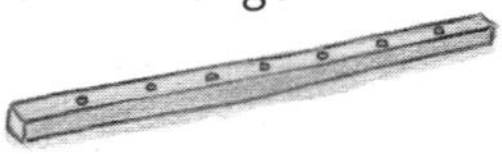

Kolossal: das Kolosseum

Das Kolosseum ist ein gigantisches Amphitheater im Stadtzentrum Roms. Die dort stattfindenden Spiele und Kämpfe können 50 000 Zuschauer verfolgen. Sie gelangen über Treppen und Gänge zu ihren Plätzen, die sich über drei Stockwerke ziehen. Unter dem Boden sind Tiere, Gefangene, Waffen und Kulissen in zahlreichen Kammern untergebracht. Aufzüge befördern die Tiere nach oben in die Arena. Die Gladiatorenkämpfe gehören zu den beliebtesten Veranstaltungen im Kolosseum. Sklaven, Gefangene und sogar Freiwillige kämpfen gegeneinander oder gegen Stiere, Panther, Löwen und Tiger.

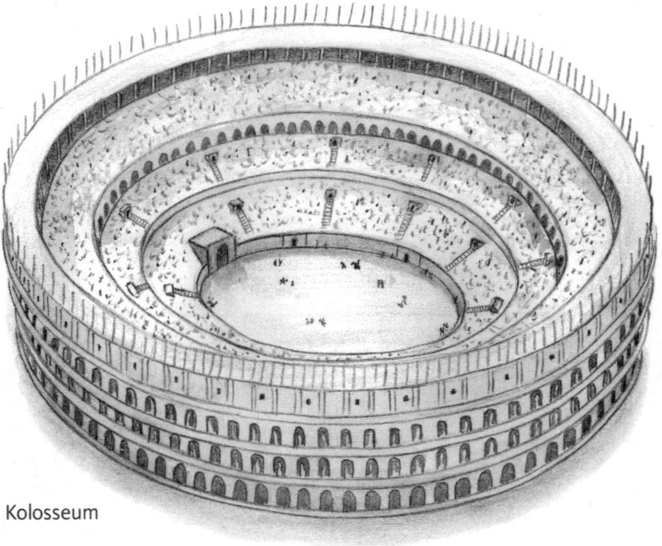

Kolosseum

Ein Tag in der Arena
Wenn du schon in Rom bist, solltest du auch mal in die Arena gehen – auch wenn uns heutzutage die Veranstaltungen viel zu grausam erscheinen. So sieht ein Tag in der Arena aus:

Vormittag
Tierschauen, Tierhatzen, Tierkämpfe
Mittag
Hinrichtungen von verurteilten Gefangenen
Nachmittag
- Einzug der Gladiatoren mit Tänzerinnen und Musikern
- Schaukämpfe: Die Gladiatoren treten mit stumpfen Holzwaffen gegeneinander an.
- Gladiatorenkämpfe: Kampf auf Leben und Tod
- Zwischen den Kämpfen: Unterhaltung mit Tanz, Musik, Jongleuren und athletischen Wettkämpfen
- Siegerehrung mit Palmzweig, Lorbeerkranz und Geld

Schon gewusst?

Liegt ein Gladiator verletzt am Boden, fordert das Volk seine Begnadigung oder den Tod – je nachdem, wie gut er gekämpft hat. Der Kaiser entscheidet darüber: Daumen nach oben heißt Begnadigung, Daumen nach unten Tod.

Gladiatoren

Es gibt mindestens 16 verschiedene Arten von Gladiatoren, die mit unterschiedlichen Waffen kämpfen. Manche kämpfen mit verbundenen Augen, andere zu Pferd und wieder andere mit Pfeil und Bogen. Hier sind die drei wichtigsten Typen:

Thraex
Helm,
Beinschienen,
kleiner Schild,
kleines Krummschwert,
Arm- und Beinschutz

Murmillo
Helm,
gerades Kurzschwert,
rechteckiger Schild

Retiarius
Wurfnetz,
Dreizack,
Dolch

Wie wird man Gladiator?

Gladiator wird man selten freiwillig, schließlich ist die Gefahr groß, dass man in der Arena stirbt. Gladiatoren sind Sklaven, zum Tode verurteilte Kriminelle oder Kriegsgefangene. Doch es gibt auch Römer, die sich wegen des Preisgeldes freiwillig melden. Sklaven, die viele Kämpfe gewonnen haben, bekommen ihre Freiheit – aber das schaffen nur wenige.

Julius Valerianus,
der 20 Jahre
gut gelebt hat,
ist an seinem
Geburtstag gestorben.
Ein Kamerad, gut,
beliebt, ein Freund
bis zum Grab.

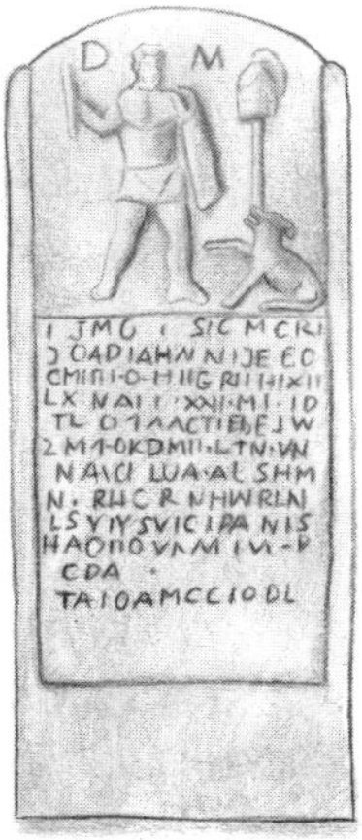

Inschrift auf dem Grabstein des Gladiators Julius Valerianus

Schon gewusst?

Der Gladiator Spartakus brach im Jahr 73 v. Chr. aus einer Kaserne in Süditalien aus und stellte ein Heer von 60 000 entlaufenen Sklaven auf. Die römischen Legionen mussten mehrere Niederlagen einstecken, besiegten die Aufständischen aber schließlich nach zwei Jahren.

Gratisunterhaltung

Beim Wagenrennen im Circus Maximus, bei den Veranstaltungen im Kolosseum und im Theater können sich die Römer kostenlos amüsieren. Damit versuchen die Kaiser, das Volk bei Laune zu halten. Im Theater weinen die gebildeten Römer über Trauerspiele und lachen über Lustspiele. Die Schauspieler haben Masken auf, damit ihre Rollen auch von den hinteren Reihen noch gut zu erkennen sind.

Bevor es solche Steintheater gab, sind die Schauspieler auf Straßen oder Märkten aufgetreten.

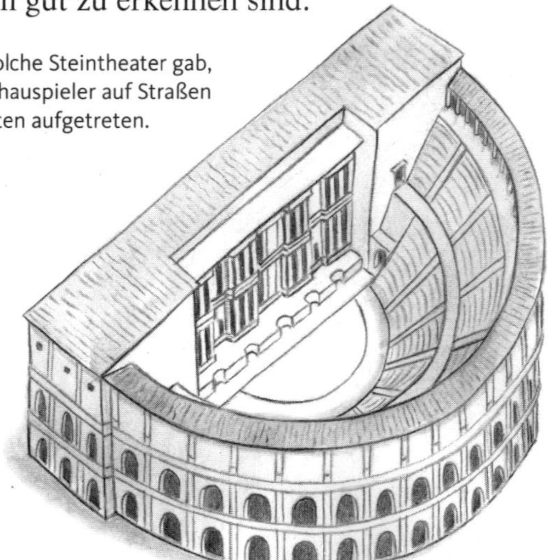

Wahr oder falsch?

Bei den Theaterstücken werden alle Rollen, auch die der Frauen, mit Männern besetzt.

Das ist wahr! Die Männer tragen dann einfach Masken mit weiblichen Gesichtern drauf.

Eine Maske fürs Theater

Wer weiß, vielleicht erwartet dich im alten Rom eine glanzvolle Schauspielkarriere. Bastel dir für alle Fälle eine Maske und probe schon mal, am besten mit ein paar Freunden. Denkt euch eine lustige Geschichte aus und improvisiert einfach! Tipp: Beliebte Komödienfiguren sind listige Sklaven, angeberische Soldaten oder alte Geizkragen.

Für die Maske brauchst du ein großes Stück Bastelpappe (DIN-A4), Schere, Stifte, Wolle, Papierreste, Klebstoff und ein Stück dünnes Gummiband.

So geht's:

1. Male mit Bleistift die Umrisse der Maske sowie Augen, Nase, Mund usw. auf.
2. Schneide die Maske und die Augen und den Mund aus.
3. Male das Gesicht mit kräftig bunten Farben auf. Es darf ruhig übertrieben lustig oder furchterregend aussehen.
4. Klebe aus Wolle und Papierresten Haare, Bart und andere Verzierungen auf.
5. Steche an den beiden Seiten ein Loch in die Maske und ziehe das Gummiband hindurch. Setze die Maske auf und verknote das Band. Die Maske darf nicht mehr herunterrutschen, aber auch nicht einschneiden.

Zum ersten Mal in der Geschichte …

… **erfinden** die Römer

- den Beton
- den Postwagen
- Fensterscheiben aus Glas
- die Fußbodenheizung

… **beherrschen** die Römer

- den Bau von Kuppeldächern
- den Bau von Bogenbrücken
- den Bau gepflasterter Straßen

… **führen** die Römer ein

- das Schaltjahr

Warum heißt Rom auch die „Ewige Stadt“?
Die besten Dichter des alten Roms schreiben von der Stadt, die nie untergehen wird. In der „Aeneis“ des berühmten Geschichtsschreibers Vergil zum Beispiel prophezeit der Gott Jupiter die Ewigkeit Roms. Dieses Werk müssen die Schüler an Roms Schulen lesen.

IN DER STADT UND AUF DEM LAND

**Im Rom pulsiert das Leben.
Such dir einen Job und entspann dich
nach getaner Arbeit im öffentlichen Bad.
Kaufe auf dem Markt ein: Da gibt es all
die Lebensmittel, die auf den großen Landgütern
hergestellt werden, und noch vieles mehr.
Tauche ein in das Großstadtlabyrinth und
lass dich treiben – aber sei vorsichtig.
Hier lauern auch Gefahren!**

Stadtplan für Zeitreisende

In dem Gewirr der engen Gassen verliert man leicht den Überblick. In diesem Stadtplan sind einige wichtige Gebäude eingezeichnet.

1. Kolosseum
2. Pantheon
3. Trajansforum
4. Forum Romanum
5. Pompejustheater
6. Marcellustheater
7. Aqua Virgo (Aquädukt)
8. Circus Maximus
9. Diokletiansthermen
10. Konstantinsbogen

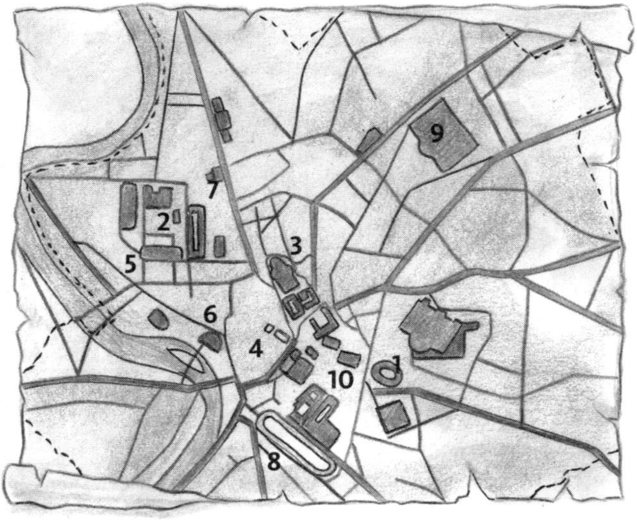

Hilfe, wir werden verfolgt!

Wir haben uns verdächtig gemacht und werden von Prätorianern verfolgt. Wenn sie uns erwischen, erwartet uns das Schlimmste. Um unsere Haut zu retten, müssen wir unbedingt unser Versteck finden! Dazu haben wir eine Beschreibung von einem Freund bekommen – weißt du, welches Gebäude er meint?

Startet beim Marcellustheater in Richtung Circus Maximus. Seid ihr daran vorbeigelaufen, müsst ihr gleich dahinter links abbiegen und der Straße bis zum Kolosseum folgen. Dort angelangt, seht ihr ein Gebäude auf der linken Seite, von dessen rechtem Tor aus ein unterirdischer Gang aus der Stadt führt.
Viel Glück!

Lösung: Konstantinsbogen

Schon gewusst?

Die meisten Pferdewagen und Lastkarren dürfen tagsüber nicht ins Stadtzentrum fahren – für sie herrscht dann Fahrverbot! Deshalb sind sie alle nachts unterwegs und machen auf den Pflastersteinen einen Höllenlärm.

Ab ins Bad!

Die wenigsten Leute haben ein eigenes Bad. Aber es gibt ja die tollen öffentlichen Badehäuser, die sich auch die Armen leisten können. Hierhin geht man aber nicht nur, um sich zu waschen, sondern auch um andere Leute zu treffen, über Politik zu diskutieren und Geschäfte zu machen! Wenn du irgendwas herausfinden möchtest – in den Thermen erfährst du es. Bring ein paar Stunden Zeit mit und halte dich an die Baderegeln!

In den öffentlichen Thermen baden Männer und Frauen oft getrennt.

Sieben goldene Regeln für den perfekten Badetag

1. Entkleide dich und reibe dich mit Olivenöl ein.
2. Stähle deinen Körper auf dem Sportplatz.
3. Schabe im Warmbad Öl, Schweiß und Schmutz ab.
4. Geh ins Heißwasserbad und danach ins Schwitzbad.
5. Kühle dich im Kaltwasserbecken ab und gehe dann eine Runde schwimmen.
6. Entspanne bei einer wohltuenden Massage.
7. Lass den Nachmittag im Garten, in der Bibliothek, im Restaurant oder beim Friseur ausklingen.

Anrüchige Geschäfte

Du musst mal dringend auf die Toilette. Was machst du?

a. Ich gehe in die Thermen und mache mein Geschäft in der Umkleidekabine. Die Sklaven putzen es dann weg.

b. Ich gehe auf die öffentliche Toilette und halte dabei ein Schwätzchen mit meinem Nebensitzer.

c. Ich mache mein Geschäft in einen Topf und leere den Inhalt auf die Straße.

Lösung: b. In den öffentlichen Latrinen sitzt man nebeneinander auf einer Steinbank mit Löchern, unter der Wasser hindurchläuft und alles wegspült.

Luxusvillen und ärmliche Mietskasernen

Die reichen Römer wohnen in der Stadt und auf dem Land in prachtvoll ausgestatteten Villen, die alle Annehmlichkeiten bieten. Die meisten Römer aber sind arm und leben in der Stadt in engen, dunklen Mietskasernen, den Insulae, die teilweise bis zu acht Stockwerke hoch sind. Diese Häuser sind so schlecht gebaut, dass immer wieder welche einstürzen.

Im Erdgeschoss der Mietshäuser befinden sich oft Ladenlokale.

Schon gewusst?

In jedem Viertel gibt es eine Feuerwache. In den mehrstöckigen Mietshäusern ist viel Holz verbaut. Wenn zum Beispiel eine Kerze, Fackel oder Öllampe umfällt, brennt das ganze Haus schnell lichterloh, und das Feuer greift auf die eng danebenstehenden Nachbarhäuser über.

Was machen die Römer mit ihren Abfällen?

In Rom muss man immer aufpassen, dass man nicht eine Ladung Dreckwasser oder Abfälle auf den Kopf kriegt, die die Leute einfach aus dem Fenster werfen. Die Straßen sind voll mit glitschigem Unrat, auf dem man leicht ausrutscht. Deshalb sind reiche Römer nicht zu Fuß, sondern mit Sänfte, Kutsche oder zu Pferd unterwegs. Das Dreckwasser fließt über Rinnen in Abwasserkanäle, die in die Cloaca Maxima münden.

Über Rinnen gelangt das Abwasser in die Kanalisation.

Wahr oder falsch?

Nach Sonnenuntergang machen die Römer ausgedehnte Spaziergänge durch ihr Viertel.

Das ist falsch! Weil es keine Straßenbeleuchtung gibt und im Schutz der Dunkelheit Diebe und Schläger lauern, trauen sich die Römer kaum noch aus dem Haus.

Auf dem Immobilienmarkt

Luxuriöse Stadtvilla
in bester Wohnlage zu verkaufen

Ausstattung:
Atrium mit Regenwasserbecken, (1)
zweistöckige Bauweise,
Küche,
sechs Schlafräume, (2)
Laden, (3)
Wasserleitung,
Toilette,
Fußbodenheizung,
kunstvolle Mosaikböden und Wandmalereien,
großer Garten mit Säulengang. (4)
Genau das Richtige für die gut situierte Patrizierfamilie!

Werde Freskenmaler!

Du musst Geld verdienen und bekommst den Auftrag, ein Haus mit Fresken zu verschönern. Das sind Wandmalereien, die auf feuchten Wandputz aufgetragen werden. Zu Hause kannst du schon mal üben. Du brauchst dafür Gipspulver, einen großen Pappteller, eine große Blechdose sowie Wassermalfarben und Pinsel.

So geht's:

1. Verrühre in der Blechdose zwei Tassen Gipspulver mit einer Tasse Wasser.
2. Gieße den Gipsbrei vorsichtig auf den Pappteller.
3. Trage auf den feuchten Gips mit den Wasserfarben ein schönes Muster oder Bild auf.
4. Lass den Gips trocknen und löse ihn behutsam vom Teller.

Schon gewusst?

Manche reichen Römer haben schon eine Fußbodenheizung im Haus! Heiße Luft wird von einem Ofen in Hohlräume unter den Boden geleitet, der auf kleinen Stützpfeilern steht. Durch hohle Ziegel steigt die Luft nach oben.

Kunstvoller Boden

Auf der Baustelle eines luxuriösen Neubaus schaust du dem jungen Mosaikleger Aulus bei der Arbeit zu.

Unser Kunde möchte die Böden seiner Villa mit bunten Mosaiken verzieren lassen, die lauter wilde Tiere darstellen. Mein Meister hat eine genaue Vorlage aufgezeichnet. Ich habe Mörtel auf den Boden aufgetragen und drücke jetzt die winzigen Steinchen eins nach dem anderen hinein – das ist keine Arbeit für grobe Handwerkerhände! Wenn ich damit fertig bin, schleife und poliere ich das Mosaik, bis es glänzt.

Auf dem Land

Auf dem Land schuften Sklaven und Bauern auf riesigen Landgütern, den Latifundien, damit die Stadtbewohner stets mit Gemüse, Obst, Getreide, Fleisch und Wein versorgt sind. Sie bestellen die Felder, versorgen das Vieh und arbeiten im Weinberg und Olivenhain.

Die Römer wohnen auf dem Land in einem großen Bauernhaus, der Villa Rustica.

Finde einen Job!

In der Riesenstadt Rom gibt es unzählige Handwerker und Händler. Da sollte es dir nicht schwerfallen, in einer Werkstatt oder einem Laden eine Anstellung zu finden.

Dringend Bäckergehilfe gesucht!

Suchst du eine sichere Anstellung? Dann bist du bei uns richtig. Aufgaben: Getreide mahlen, Brot, Pasteten und Kuchen backen, Mithilfe im Verkauf. Bitte nur fleißige Frühaufsteher melden!

Arbeitsbeginn: morgen früh um 3 Uhr.

Suche Glasbläser für die Massenproduktion

Suche Mitarbeiter, der die neuartige Technik des Glasblasens in Formen beherrscht. Wir fertigen Becher, Vasen und Kosmetikflakons. Bewerbern mit kräftiger Lunge winkt ein einträglicher Beruf mit Zukunft.

Wir stellen ein: Friseurin
Geschickte Ornatrix für unseren Salon gesucht. Voraussetzungen: Modebewusstsein, gute Umgangsformen und Erfahrung im Wellenlegen, Färben, Stecken von Hochfrisuren und Einflechten von künstlichen Haarteilen.

Auf dem Sklavenmarkt

In der Nähe des Forum Romanum sind die Sklavenmärkte. Sklaven in jedem Alter stehen angekettet auf Schaugerüsten. Auf Schildern, die sie um den Hals tragen, sind ihre Vorzüge und Nachteile, Alter und Krankheiten vermerkt. Die freien Römer decken sich hier mit Dienstpersonal, Schreibern, Lehrern, Landarbeitern und Gladiatoren ein. Für uns wäre es heutzutage undenkbar, Menschen zu verkaufen, doch für die Leute im alten Rom ist das ganz normal.

Alles, was die Römer brauchen

Die zahlreichen Bewohner der Stadt Rom brauchen jede Menge Waren und Rohstoffe: Elfenbein, Marmor, Holz, Glas, Eisen, Blei, Silber, Gold, Bernstein, Edelsteine, Papyrus, Wolle, Stoffe, Parfüm, Tiere, Purpurfarbe, Töpferwaren, Salz, Getreide, Gewürze, Honig, Olivenöl und Wein. Auf Segelschiffen und Galeeren werden diese Güter aus den Provinzen und fernen Ländern zum Hafen von Ostia transportiert.

Große Segelschiffe und Galeeren sind die Haupttransportmittel für Waren und Rohstoffe.

Was soll Aurelia besorgen?

Du begleitest die Sklavin Aurelia auf den Markt. Mit ihrem Einkaufszettel stimmt etwas nicht. Kannst du ihr helfen, die Liste zu entziffern?

EPMALLÖ
NETETSAP
RETTÄLBREEBROL
NESNIL
NEBUARTNIEW
NIRAMSOR

Lösung: Die Wörter sind rückwärts geschrieben! Richtig heißt es: Öllampe, Pasteten, Lorbeerblätter, Linsen, Weintrauben, Rosmarin

Womit bezahlen die Römer?

Die römische Währung heißt Denar. Hier erfährst du etwas über die verschiedenen Münzen und ihren Wert:

Münze	Metall	Umrechnung
As	Bronze	
Dupondius	Messing	1 Dupondius = 2 Asse
Sesterz	Messing	1 Sesterz = 4 Asse
Denar	Silber	1 Denar = 4 Sesterze
Aureus	Gold	1 Aureus = 25 Denare

So kaufst du in Rom richtig ein!
Du hast dir dein erstes Geld verdient. Überleg dir gut, was du dir davon kaufst. Hier ein paar Preisbeispiele für das Jahr 80 n. Chr. Zum Vergleich: 1 Denar entspricht ungefähr 0,75 Cent in unserer heutigen Währung.

Ware	**Preis**
¼ l billiger Wein	1 As
1 Trinkbecher	2 Asse
1 Pfund (327,5 g) gefärbte Wolle	1 Sesterz
1 Modius (8,75 l) Weizen	3 Sesterze
1 Modius (8,75 l) Mehl	7,5 Sesterze
1 Tunika	15 Sesterze
1 Maultier	5 Aurei
1 Sklave	25 Aurei
1 Landgut	1000 Aurei

BEI DEN RÖMERN ZU HAUSE

Die Unterschiede zwischen Arm und Reich sind groß in Rom. Das merkst du nicht nur daran, was bei den Leuten auf den Tisch kommt. In einem sind sich arme und reiche Kinder aber einig: Schule ist öde und tut manchmal weh. Pass im Unterricht gut auf, sonst setzt es Prügel mit dem Stock! Nach dem Lernen kannst du mit deinen Freunden spielen und ein spannendes Wagenrennen im Circus Maximus erleben.

Junges Glück

Die Familie ist den Römern heilig. Die Bürger sollen früh heiraten und möglichst viele Kinder bekommen. Der Vater sucht den Ehemann für seine Tochter aus. Mit zwölf bis vierzehn Jahren hat ein Mädchen das richtige Heiratsalter, junge Männer heiraten meist ein paar Jahre später. Am liebsten heiratet man im Juni. Dieser Monat ist Juno geweiht, der Beschützerin der Ehe.

Mach mal Siesta!

In Rom ist es viel wärmer als bei uns und im Sommer liegt häufig eine brütende Hitze über der Stadt. Nimm dir ein Beispiel an den Römern und verlege anstrengende Aktivitäten in die Morgen- oder Abendstunden. Über Mittag, wenn die Hitze am meisten drückt, ziehst du dich besser ins Haus oder in einen schattigen Innenhof zurück und machst Siesta!

Wahr oder falsch?
Die abrasierten ersten Bartstoppeln eines römischen Jungen werden in einem Glasfläschchen den Göttern geopfert.

Das stimmt! Damit dankt man den Göttern, dass aus dem Jungen ein Mann geworden ist.

Die Tochter eines reichen Senators

Julia wohnt in einem vornehmen Haus und erzählt den Zeitdetektiven, wie es in ihrer Familie zugeht.

Kim: Macht deine Mutter die Hausarbeit alleine?
Julia: Machst du Witze? Meine Mama organisiert den Haushalt und verteilt die Aufgaben. Die Arbeit machen die Sklaven. Meine Sklavin Hedone etwa hilft mir morgens beim Anziehen und macht mein Bett.
Leon: Cool – das könnte mir auch gefallen! Und in die Schule müsst ihr auch nicht gehen …
Julia: Das nicht, aber mein Bruder und ich haben jeden Vormittag Unterricht bei unserem Hauslehrer, einem gebildeten Sklaven aus Griechenland. Nachmittags haben wir viel Zeit zum Spielen. Wollt ihr nicht zum Abendessen bleiben? Meine Eltern haben gern Gäste.
Julian: Das lassen wir uns nicht zweimal sagen!

Haben die Römer richtige Küchen?

Nur die Reichen haben eine voll ausgestattete Küche mit Backofen und Herd. Die Ärmeren besitzen häufig nur eine Feuerstelle, auf der sie ein schlichtes Essen in einem Bronze- oder Eisentopf kochen. Manche haben nicht mal das und kaufen ihr Essen in den Garküchen, die im Erdgeschoss der Mietskasernen untergebracht sind.

Zwei Speisepläne

Arme Familie

Frühstück
Brot, Wasser, etwas Obst

Mittagessen
Brot, Obst oder Käse

Abendessen
Brot, Bohnen oder Linsen, Dinkelbrei oder Kohleintopf mit Speck

Reiche Familie

Frühstück
Brot und Käse

Mittagessen
Kalte Eier, Käse, Fisch, Oliven, Feigen, Brot

Abendessen
Vorspeise: Eierkuchen, Fisch und Salat
Hauptgang: Backhähnchen oder Braten mit Gemüse
Nachspeise: Früchte, Nüsse und Honigbrötchen

Arme Ritter
Nach einem ereignisreichen Tag in Rom haben wir mächtig Hunger. Kochst du uns eine Portion Arme Ritter? Das Originalrezept stammt aus dem alten Rom!

Zutaten für 4 Portionen
4 trockene Milchbrötchen
oder 8 Scheiben Toastbrot
250 ml Vollmilch
2 Eier
4 EL Zucker
1 TL Zimt
ca. 2 EL Öl zum Backen
1 Prise Salz

Zubereitung
1. Verquirle die Milch, die Eier, 1 EL Zucker und 1 Prise Salz mit dem Schneebesen.
2. Schneide die Brötchen jeweils in der Mitte durch und weiche die Hälften in der Milch-Eier-Mischung ein.
3. Erhitze inzwischen das Öl in einer Pfanne. Backe die Brötchenhälften darin von beiden Seiten goldbraun aus.
4. Mische 3 EL Zucker mit dem Zimt, verteile die Brötchen auf vier Teller und bestreue sie mit der Zucker-Zimt-Mischung.

Tipp: Dazu schmeckt Pflaumenkompott oder Apfelmus.

Spiel mit!

Trigon und das Delta-Spiel lieben alle römischen Kinder. Hier erkläre ich dir die Regeln, damit du mitspielen kannst.

Trigon – für 3 Spieler

Die Spieler stellen sich im Dreieck auf. Jeder hat einen kleinen Ball. Dann werfen sie sich die Bälle gegenseitig und gleichzeitig zu. Lässt ein Spieler einen Ball fallen, bekommt er einen Minuspunkt. Sobald ein Spieler fünf Minuspunkte hat, ist eine Runde zu Ende.

Spielfeld für das Delta-Spiel

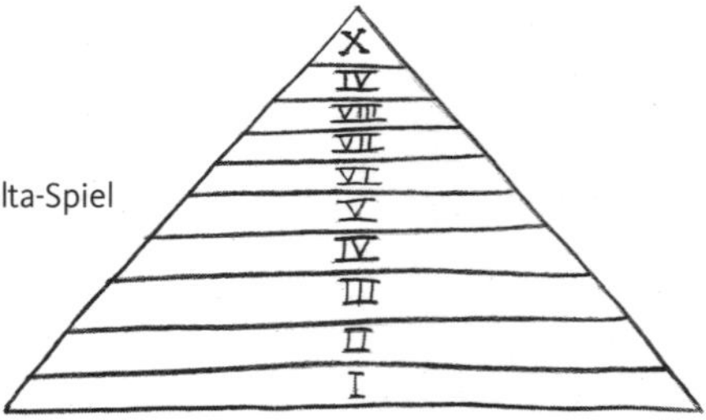

Delta-Spiel – für 2 oder mehr Spieler

Für das Delta-Spiel zeichnet ihr mit Straßenkreide auf ein ebenes Stück ein großes, breites Dreieck auf. Dann zieht ihr waagerechte Linien für zehn Felder ein und nummeriert sie von unten nach oben durch. Von 2 bis 3 Metern Entfernung lasst ihr dann Nüsse oder Murmeln ins Spielfeld kullern. Für jedes getroffene Spielfeld gibt es die entsprechende Punktzahl. Die Punkte werden nach fünf Runden zusammengezählt und der Sieger wird ermittelt.

Schon gewusst?

Römische Kinder spielen ganz viele Spiele, die es heute noch gibt! Dazu gehören Fangen, Verstecken, Himmel und Hölle, Bockspringen, Blinde Kuh, Seilspringen, Ballspiele, Reiterkampf, Reifentreiben, Tauziehen und Murmelspiele.

Basteltipp für kleine Römer

Wurfsteine

1. Koche die vier Sprunggelenkknochen eines Schafes oder einer Ziege so lange ab, bis sich Haut und Fleisch vollständig davon lösen.
2. Lasse die würfelförmigen Knöchel gut trocknen.
3. Du kannst damit das Knöchelchenspiel spielen. Jede der vier Seiten bekommt einen Wert von 1 bis 4 zugeteilt. Wirf die Knöchelchen in die Luft und zähle die Punkte zusammen.

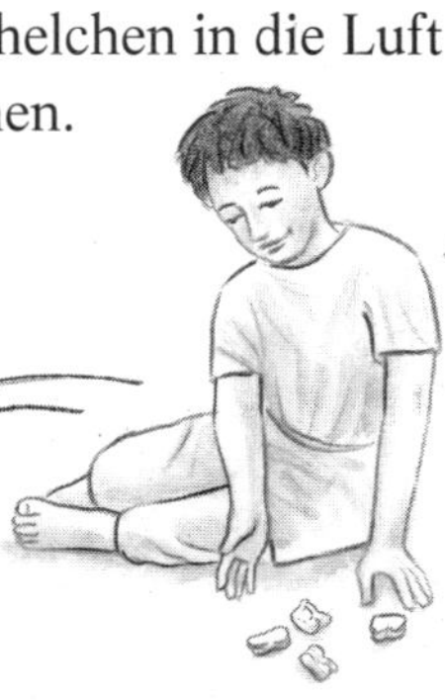

Das Zwölf-Linien-Spiel

Dieses Spiel für zwei Spieler erinnert an unser Backgammon. Du solltest dir ein eigenes basteln und damit schon mal üben, damit du eine faire Chance gegen die Römer hast.

Du brauchst dafür einen Pappkarton (ca. 36 x 15 cm), Lineal, Bunt- oder Filzstifte sowie zwei Würfel und je zwölf schwarze und weiße Spielsteine.

Bastelanleitung

1. Zeichne das Spielfeld auf (siehe Bild). Die Buchstaben-Felder sind 5 x 2,5 cm groß, die drei in der Mitte 5 x 5 cm.
2. Trage die Buchstaben ein und male eine Verzierung in die drei mittleren Felder.

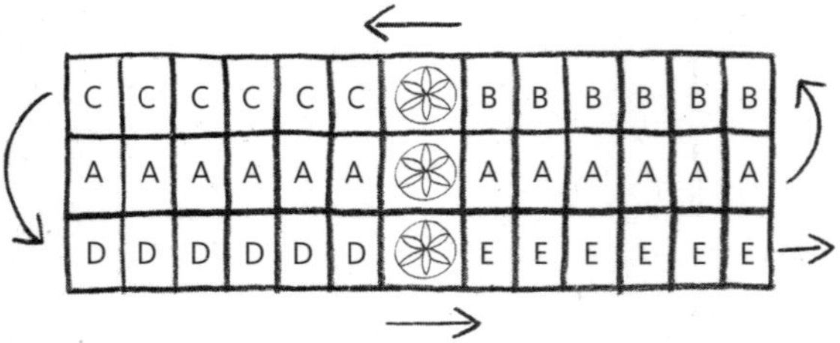

Ziel des Spiels: Sieger ist, wer alle seine Spielsteine als Erster aus dem Spielfeld gewürfelt hat.

Spielanleitung

Setzt auf alle zwölf A-Felder je einen weißen und schwarzen Stein. Der Spieler, der die höhere Punktzahl würfelt, beginnt.

Spielregeln und Spielverlauf:

1. Ihr spielt abwechselnd mit zwei Würfeln.
2. Ihr könnt die Augenzahlen beider Würfel auf zwei Spielsteine verteilen und mit beiden um die entsprechende Anzahl Felder vorrücken oder beide Würfel zusammenzählen und mit einem Stein vorrücken.
3. Haben beide Würfel die gleiche Augenzahl (Pasch), darf man noch mal würfeln.
4. Die Steine werden von A nach B, C, D bis nach E weitergerückt.
5. Sitzt auf einem B-, C-, D- oder E-Feld ein einzelner Stein deines Gegners, wirfst du ihn hinaus, wenn du auf das Feld kommst. Setze den Stein dann auf das erste freie A-Feld.
6. Sitzen auf einem Feld mehrere Steine deines Gegners, kannst du sie nicht hinauswerfen, darfst sie aber überspringen.
7. Sobald alle deine Steine auf den E-Feldern sitzen, würfelst du sie durch eine ausreichend hohe Augenzahl hinaus. Sitzt ein Stein z. B. auf dem dritten E-Feld von rechts, musst du eine 3, 4, 5 oder 6 würfeln.

Schon gewusst?

Zum Würfeln verwenden die Römer einen Würfelturm. Der Spieler wirft den Würfel hinein, dieser hüpft über eingebaute Stufen und fällt unten heraus.

Schule im alten Rom

Es ist Mittag und Manius kommt von der Schule heim. Er erzählt dir von seinem Schultag.

In aller Herrgottsfrühe hat mich der Sklave zur Schule gebracht. Dann musste ich die ganze Zeit still sitzen und immer wieder die gleichen Buchstaben abschreiben – das war so was von öde! In Rechnen habe ich vor mich hingeträumt und nicht mitgekriegt, dass der Lehrer mich aufgerufen hat. Da hat er mich mit dem Stock geschlagen! Ganz selten gibt es zur Belohnung Kekse. Mir passiert das allerdings nie ...
Für meine Schwester ist die Schule mit zwölf Jahren zu Ende, aber ich muss danach noch auf die Oberschule und die Texte lateinischer und griechischer Schriftsteller studieren.

Dinge, die du in einer römischen Schule findest

Wahr oder falsch?

Im alten Rom gibt es mehrstöckige Schulgebäude mit Klassenzimmern, ganz ähnlich wie bei uns.

Das ist Quatsch! Die meisten Lehrer unterrichten ihre Schüler in einem kleinen Raum, den sie in einem Geschäft angemietet haben. Nur ein Vorhang trennt ihn von der Straße.

Mit welchen Zahlen rechnen die Römer?
Ganz einfach: mit römischen Zahlen!
Die Zahlen setzen sich aus sieben verschiedenen lateinischen Buchstaben zusammen:

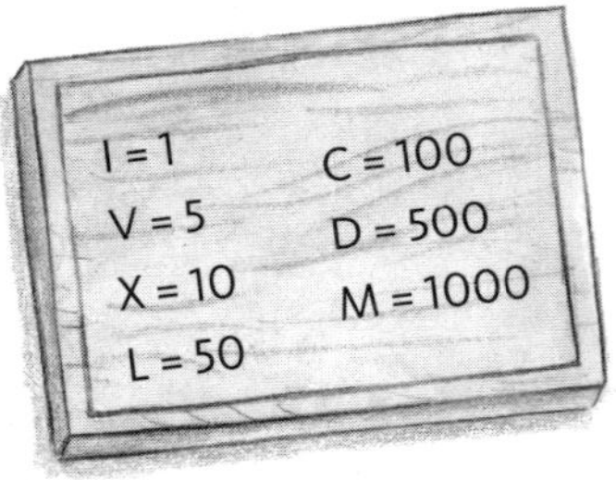

Auf den ersten Blick wirkt das Zahlensystem verwirrend, aber auf den zweiten ist es eigentlich ganz logisch. Es gelten folgende Regeln:

1. Man hängt mehrere Zahlzeichen aneinander. Beispiel: DCXII = 500 + 100 +10 + 2 = 612.
2. Man schreibt höchstens drei gleiche Zahlzeichen nebeneinander. Beispiel: XXX geht, XXXX nicht (Wie man die Zahl 40 schreibt, erfährst du unter 4.).
3. Steht die kleinere Ziffer nach der größeren, wird sie addiert. Beispiel: LXX = 50 + 20 = 70.
4. Steht die kleinere Ziffer vor der größeren, wird sie subtrahiert. Beispiel: XL = 50 – 10 = 40.
5. Da es nach M für 1000 kein Zahlzeichen mehr gibt, dürfen hier mehr als drei nebeneinander geschrieben werden. Beispiel: 6548 sieht so aus: MMMMMMDXLVIII.

Lass deinen Kopf rauchen!
Na, hast du das römische Zahlensystem schon verstanden? Dann hilf mir bitte bei diesen Aufgaben!

1. Schreibe in unseren Zahlen
   XXII, XXXI, XLVII, CVIII, CDLXV, DCLXXXIV, CMXL, MCCCLXIX
2. Schreibe in römischen Zahlen
   63, 84, 345, 502, 776, 999, 12 520

Lösung 1: 22, 31, 47, 108, 465, 684, 940, 1369
Lösung 2: LXIII, LXXXIV, CCCXLV, DII, DCCLXXVI, CMXCIX, MMMMMMMMMMMMDXX

So erleichterst du dir im alten Rom das Rechnen!
Jetzt kannst du unsere Zahlen in römische umrechnen und umgekehrt. Aber kannst du dir vorstellen, mit den langen römischen Zahlen komplizierte Rechnungen durchzuführen? Nein? Die Römer auch nicht! Dafür haben sie nämlich den Abakus. Auf diesem Zählbrett können die Rechensteine auf den einzelnen Rillen verschoben und so alle Grundrechenarten ausgeführt werden.

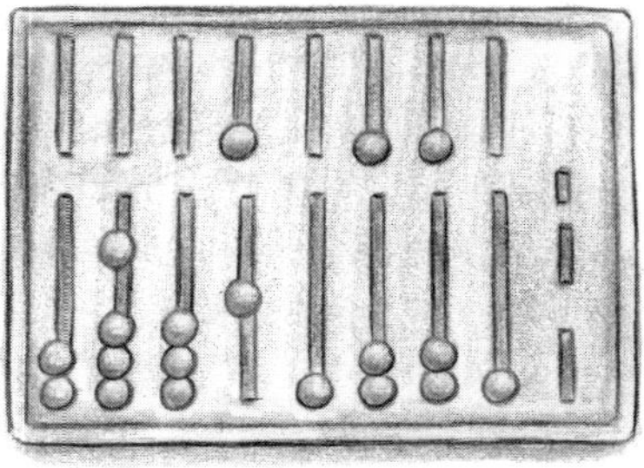

Formel Eins auf römische Art

Das beliebteste Freizeitspektakel sind die Wagenrennen. Der Circus Maximus ist die größte Rennbahn Roms. Bis zu 250 000 Zuschauer schließen auf ihre Teams Wetten ab und feuern sie lautstark an. Die Gespanne kommen sich häufig in die Quere und für manchen ist das Rennen vor dem Ziel zu Ende.

Jeder Teilnehmer eines Wagenrennens lenkt einen Streitwagen, der mit zwei oder vier Pferden bespannt ist.

Das letzte Rennen

146 n. Chr. Vor ausverkauften Rängen stand Diocles, der König der Wagenlenker, gestern das letzte Mal im Circus Maximus am Start. In rasendem Tempo fuhr der Rote zum 1461. Mal dem Sieg entgegen und hängte die Blauen, Roten und Weißen um Längen ab. Danke, Diocles, für 4256 spannende Rennen!

GESUNDHEIT UND SCHÖNHEIT

Eine wohlhabende Römerin verlässt ihr Haus nie unfrisiert oder ohne Schminke. Auch die Männer legen Wert auf ihre äußere Erscheinung. Du solltest deshalb wissen, was die Römer chic finden. Bevor du in Rom krank wirst, machst du dich besser wieder mit Tempus aus dem Staub: Deine Heilungschancen sind nicht besonders gut.

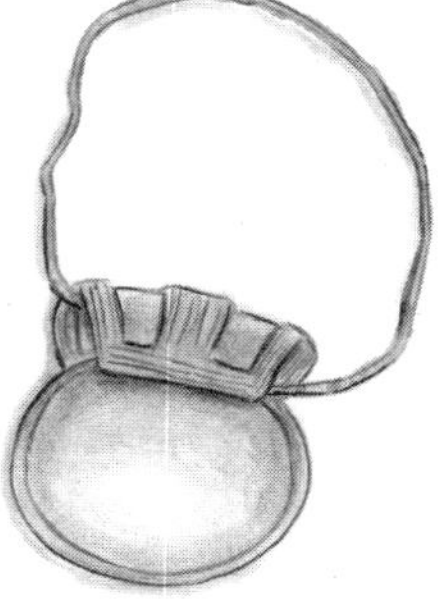

Was macht eine vornehme Römerin am Morgen?

Sie lässt sich von Sklavinnen schön machen – und das dauert mehrere Stunden! Zuerst helfen diese ihr beim Ankleiden, dann machen sie ihr eine aufwendige Frisur und enthaaren ihre Arme und Beine mit Harz. Sie tragen eine Antifalten-Gesichtsmaske auf, färben ihr Gesicht mit Kreidepulver weiß, ihre Lippen und Wangen mit Ockerpuder rot, die Wimpern und Augenbrauen schwarz und die Lider grün oder blau. Zuletzt hüllen sie sie in eine Wolke aus Parfüm, das sie aus exotischen Duftstoffen hergestellt haben, und legen ihr den Schmuck an.

Die Herrin des Hauses wird jeden Morgen von Sklavinnen gekämmt und geschminkt.

Wahr oder falsch?

Im alten Rom gibt es schon Lockenstäbe, mit denen Römerinnen glattes Haar wellen.

Das stimmt. Natürlich sind das keine elektrischen Lockenstäbe, sondern Brenneisen, die über dem Feuer erhitzt werden.

Die besten Haarstylingtipps fürs alte Rom

Zur Zeit der römischen Republik tragen die Frauen sehr einfache und strenge Frisuren. In der Kaiserzeit jedoch sind gewagte, kunstvolle Frisuren gefragt.

- Richtig angesagt sind Hochsteckfrisuren sowie toupierte, gelockte und zu Zöpfen geflochtene Haare.
- Ins Haar werden kunstvolle Nadeln, Haarnetze, Kämme und Bänder eingearbeitet.
- Wer unzufrieden mit seiner Haarfarbe ist, kann sein Haar färben lassen.
- Total angesagt sind blonde oder rote Perücken.

Schau in einen römischen Spiegel

Um das Ergebnis des Frisierens und Schminkens zu begutachten, braucht die Römerin unbedingt einen Spiegel aus poliertem Metall. Glasspiegel gibt es erst ab dem 1. Jahrhundert. Mit der Mosaiktechnik kannst du einen Schminkspiegel hübsch verzieren.

Du brauchst dafür einen Holzspiegel (Handspiegel oder rechteckiger Standspiegel), bunte Mosaiksteine und Holzleim.

1. Ordne die Steinchen ohne Leim auf dem Rahmen bzw. beim Handspiegel auf der Rückseite so an, wie es dir gefällt. Du kannst nur wenige Steinchen setzen oder das Holz komplett verzieren.

2. Klebe dann ein Steinchen nach dem anderen gut mit Holzleim fest und lasse es trocknen.

Schon gewusst?

Die Römerinnen trugen schon Bikinis! Das weiß man von Wandmosaiken, die man in Villen gefunden hat. Man weiß allerdings nicht, ob sie diese zum Baden oder beim Sport anzogen.

Neueröffnung nach Brandschaden bei Tonsor Oktavius!

Wiedereröffnungsangebot!
Kommen Sie heute vorbei und lassen
Sie sich zum halben Preis rasieren!
Wir rasieren trocken mit stumpfen Rasiermessern.
Keine Haftung bei Schnittwunden.

Wahr oder falsch?

Die alten Römer haben schon den Rasierschaum erfunden.

Die Römer würden sich freuen, wenn das wahr wäre! Leider nicht – zur unsanften Trockenrasur gibt es im alten Rom keine Alternative.

Männer ohne Hosen

Die römischen Männer tragen keine Hosen. Was meinst du, warum nicht?

a. Weil Hosen noch nicht erfunden sind.
b. Weil die Römer gern Bein zeigen.
c. Weil Hosen auf der öffentlichen Toilette unpraktisch sind.
d. Weil Hosen als unzivilisiert gelten.

Lösung: d. Kelten und Germanen, die in den Augen der Römer Barbaren sind, tragen Hosen. Für einen römischen Bürger, der etwas auf sich hält, sind Hosen undenkbar.

Aus dem Handbuch für Purpurfärber

Fange 8000 Schnecken, öffne die
lebenden Tiere und entferne die Drüse.
Zerquetsche die Drüse,
lege sie 3 Tage in Salz und
koche sie 10 Tage in Urin.
Tauche den Stoff in die noch farblose
Flüssigkeit und lege ihn in die Sonne.
Dort entwickelt sich die purpurne Farbe.

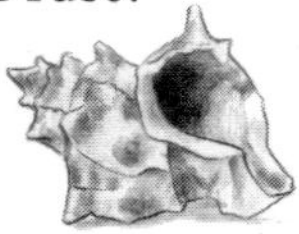

7 Dinge, die du in einer römischen Kleidertruhe findest

1. Tunika. Das sackartige Alltagsgewand der Römer, mit Gürtel gehalten. Bei Männern ist sie kniekurz, bei Frauen knöchellang.
2. Toga. Das würdevolle Staatsgewand des freien Bürgers (Sklaven, Nichtrömern und Frauen ist das Tragen verboten). Der schwere, halbkreisförmige Umhang wird umständlich um die Tunika drapiert.
3. Stola. Das fließende Übergewand der Frauen, mit Gürtel gehalten
4. Palla/Pallium. Farbiger Mantel der Frauen bzw. Männer
5. Lendenschurz. Die Unterwäsche
6. Ledersandalen
7. Filzstiefel

Verdeckte Ermittlung

Um einen mysteriösen Fall aufzudecken, musst du dich als Sklave bei einem Senator bzw. als Sklavin bei seiner Frau einschleichen. Aber Vorsicht, die beiden schöpfen sofort Verdacht, wenn du etwas falsch machst. Wenn du in dem Bild die 6 Fehler findest, hast du die Probe bestanden!

Lösung:

1. Bei den alten Römern gab es noch keinen Föhn.
2. Die Tunika der Hausherrin ist knöchellang.
3. Auch die Sklavinnen tragen flache Sandalen.
4. Die römischen Jungen tragen keine Kappen.
5. Nur weibliche Sklavinnen helfen der Hausherrin beim Anziehen.
6. Die Römerinnen tragen ihre Haare hochgesteckt.

Hausmittel gegen unerfüllten Kinderwunsch

Hast du deinem Ehemann noch kein Kind geschenkt? Dann probiere Folgendes aus.

- Trinke das Blut eines Hasen oder den Speichel eines Mutterschafs.
- Bete zu Diana, Venus oder Libera.
- Bastle eine kleine Holzfigur, die aussieht wie ein Wickelkind, und bringe sie zu einer heiligen Quelle.

Schon gewusst?

Die Römer glauben, dass ein Kind zeitlebens vom Glück begleitet wird, wenn seine Mutter bei der Geburt gestorben ist!

Was du wissen musst, wenn du krank wirst

Im antiken Rom sieht die medizinische Versorgung noch etwas anders aus als bei uns heute. Das solltest du dir für deine Zeitreise merken:

- Die Ärzte sind zum großen Teil Griechen, die man nach Rom gebracht hat.
- Es gibt Augenärzte, Ohrenärzte, Zahnärzte, Halsärzte, Frauenärzte, Knochenspezialisten und Ärzte für innere Krankheiten. Sie verordnen häufig Heilkräuter.
- Römische Chirurgen operieren ohne wirksame Betäubungs- und Schmerzmittel.
- Nach dem Glauben der Römer wirst du am ehesten wieder gesund, wenn du im Tempel des Heilgottes Äskulap schläfst und von deiner Heilung träumst.
- Bringe Äskulap ein Opfer in Form deines kranken Körperteils dar.
- Trage eine Bulla, damit du gar nicht erst krank wirst.

Was ist eine Bulla?

Nach der Geburt bekommt jedes Kind mit Ausnahme von Sklaven eine Bulla. Das ist ein Glücksamulett in der Form einer Kugel, gefüllt mit Kräutern oder anderen Dingen, die vor Krankheit und Gefahr schützen sollen. Bei den Kindern reicher Eltern ist es aus Gold, bei ärmeren Leuten aus Silber oder Bronze. Sobald die Kinder erwachsen sind, legen sie ihre Bulla ab.

Instrumente, die ein Chirurg braucht

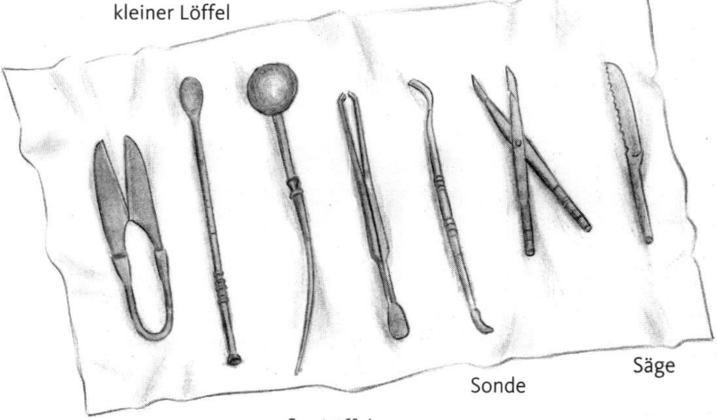

Der Arzt empfiehlt

- Gegen nächtliches Bettnässen hilft der Verzehr von lebendig gekochten Mäusen.
- Zur Mundspülung verwende die Brühe von in Essig gekochten Fröschen.
- Auf Wunden und Verletzungen aller Art lege Spinnweben, dann heilen sie schneller.

Äskulap ist der Gott der Heilkunst. Sein Kennzeichen ist der Stab mit der Schlange.

Wahr oder falsch?

Die Römer wissen schon, dass Bakterien Karies verursachen, und verwenden deshalb jeden Morgen und Abend eine desinfizierende Mundspülung.

Das ist falsch. Von Bakterien haben sie noch nichts gehört. Wenn ihre Zähne Löcher bekommen, glauben sie vielmehr, dass ein Wurm sie von innen her auffrisst.

WAS VON DEN RÖMERN GEBLIEBEN IST

Nach einem spannenden Ausflug in das alte Rom bist du mit Tempus wieder in der Gegenwart gelandet. Hier bei uns und in anderen Ländern sind noch viele Spuren der Römer zu finden – schließlich erstreckte sich das Römische Reich über weite Teile Europas und darüber hinaus.

Wie ging das Römische Reich unter?

Im 3. und 4. Jahrhundert schwächten Hungersnöte, Seuchen, Aufstände, Bürgerkriege und die Einfälle fremder Völker das Reich. Deshalb wurde es 395 geteilt. Es entstand ein Westreich mit der Hauptstadt Rom und ein Ostreich mit der Hauptstadt Byzanz, das wenig später in Konstantinopel umbenannt wurde. Das Weströmische Reich konnte dem Ansturm germanischer Stämme nicht lange standhalten und 476 vertrieben die Vandalen den letzten Kaiser. Das Oströmische Reich dagegen hatte noch fast 1000 Jahre Bestand.

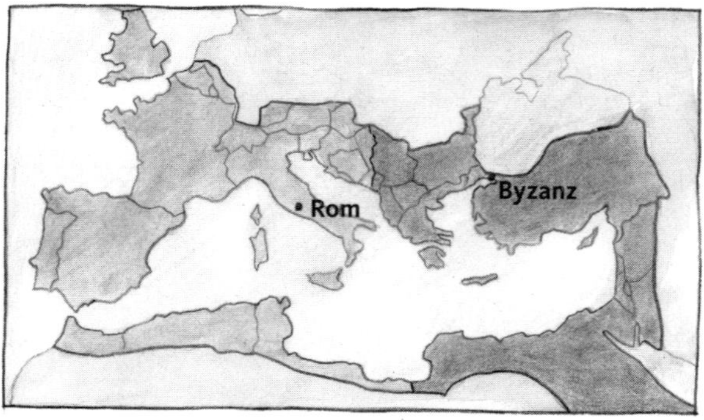

Schon gewusst?

Die Vandalen, die im Jahr 455 Rom einnahmen und plünderten, wurden zum Sinnbild blinder Zerstörungswut. Tatsächlich aber gingen sie dabei einigermaßen zivilisiert vor und stehen deshalb zu Unrecht in so schlechtem Ruf.

Rom im 21. Jahrhundert

Wer heute nach Rom reist, begegnet auf Schritt und Tritt dem Erbe der alten Römer. Kolosseum, Forum Romanum, Trajansmarkt, Konstantinsbogen, Pantheon und viele andere Bauwerke stehen noch heute oder wurden von Archäologen ausgegraben. Natürlich haben sie die Zeit nicht unbeschadet überdauert und sind mehr oder weniger stark verfallen. Viele Steine wurden für den Bau neuer Gebäude verwendet. Doch auch als Ruinen erzählen sie noch viel vom Leben in der einst mächtigsten Stadt Europas. Archäologen stoßen heute noch auf Überreste aus der Römerzeit.

So sieht das Forum Romanum heute aus.

Woher haben wir unser Wissen?

Leon fragt seine Freunde, woher wir so genau wissen, wie der Alltag der Römer aussah. Kim und Julian haben Erklärungen.

Kim: Vieles wissen wir von den antiken Bauwerken, die noch erhalten sind, denn daran können Archäologen eine ganze Menge ablesen. Auch in Pompeji, das 79 n. Chr. beim Ausbruch des Vesuvs verschüttet wurde, kann man sehen, wie arme und reiche Römer lebten. Ihre Skelette erzählen uns, was sie gegessen haben, Mosaiken stellen ihre Götter oder wilde Tiere dar. Ganz tolle Fundorte sind auch Müllgruben! Da findet man z. B. Einkaufslisten oder Einladungen auf kleinen Holztäfelchen.
Julian: Mindestens genauso aufschlussreich sind die Schriften römischer Schriftsteller, zum Beispiel von Livius, Tacitus und Plinius dem Älteren. Darin erfahren wir, wie die Römer dachten, was ihnen wichtig war und woran sie glaubten.
Kim: Und im Kochbuch des Apicius gibt's jede Menge römische Rezepte.
Leon: Zum Glück gibt es die Texte heute in deutscher Übersetzung!

Diese Papyrusrolle wurde in Pompeji ausgegraben.

10 Stätten, die du gesehen haben musst

1. Limesmuseum Aalen
2. Porta Nigra und Rheinisches Landesmuseum in Trier
3. Archäologischer Park und Römermuseum Xanten
4. LWL-Römermuseum Haltern
5. Isistempel, Aquädukt und Schiffe in Mainz
6. Archäologischer Park Campodonum (Kempten)
7. Römerkastell Biriciana in Weißenburg
8. Römerkastell Saalburg (bei Bad Homburg)
9. Archäologischer Park Carnuntum
10. Römerstadt Augusta Raurica

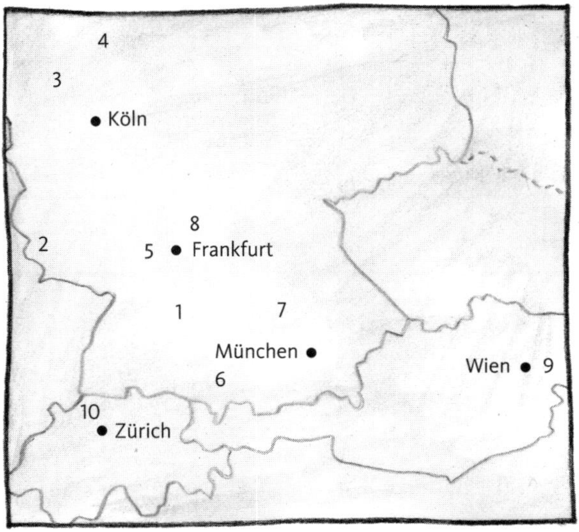

Ein großes Vermächtnis

Latein wurde früher im ganzen Römischen Reich gesprochen und war noch lange nach dessen Untergang die Sprache, in der man sich über Ländergrenzen hinweg unterhalten konnte. Latein ist die Wurzel vieler europäischer Sprachen: Italienisch, Französisch, Spanisch, Portugiesisch und Rumänisch. Das ursprüngliche Latein wird heute noch an der Schule unterrichtet und zum Teil in katholischen Gottesdiensten verwendet. Viele unserer heutigen Fremdwörter, etwa medizinische Begriffe, gehen auf das Lateinische zurück. Auch viele deutsche Wörter haben lateinische Wurzeln. Hier ein paar Beispiele:

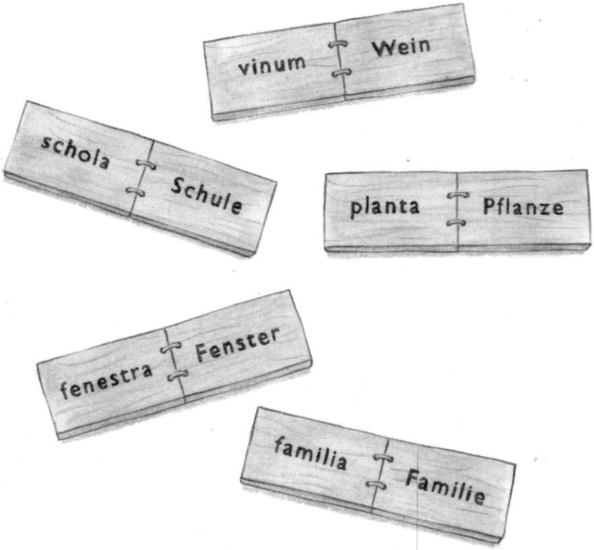

Was haben uns die Römer noch hinterlassen?

Auch unsere Monats- und Planetennamen kommen aus der Römerzeit. Damals hießen die Monate: Ianuarius, Februarius, Martius, Aprilis, Maius, Iunius, Iulius, Augustus, September, October, November und December. Die Planeten sind nach den römischen Göttern Jupiter, Mars, Merkur, Venus, Saturn, Uranus und Neptun benannt.

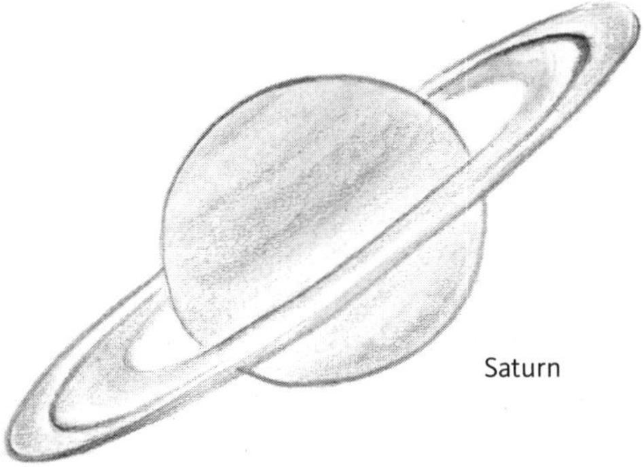

Saturn

Wahr oder falsch?

In einem entlegenen Bergdorf in der Nähe Roms unterhalten sich die Leute heute noch auf Latein.

Das ist falsch! Latein ist eine „tote" Sprache, weil es heute niemand mehr als Muttersprache lernt und sich darauf unterhält.

Feste feiern wie die Römer
Die Römer haben sehr gern gefeiert. Auch du findest bestimmt einen Anlass für ein Fest nach römischer Art. Hier ein paar Tipps für eine gelungene Römerparty.

Dekoration: Damit es bei dir aussieht wie in einem römischen Esszimmer (Triclinum), gruppierst du möglichst drei Sofas um einen niedrigen Tisch – zur Not tun es auch Matratzen. Verteile jede Menge Kissen auf den Sofas, damit du es dir mit deinen Freunden darauf richtig gemütlich machen kannst.

Sklaven: Verteilt die Rollen untereinander: Manche sind die Hausbesitzer und Gäste, andere die Sklaven, die Speis und Trank herbeitragen. Damit sich jeder mal bedienen lassen kann, solltet ihr immer wieder wechseln.

Essen: Als Vorspeise eignen sich etwa Käse, Oliven und Rohkost, als Hauptspeise beispielsweise Arme Ritter (siehe Seite 91) und als Nachtisch Früchte und Nüsse, alles in mundgerechte Happen geschnitten und auf Platten serviert. Dazu gibt es einen leckeren Gewürzwein (Seite 39). Nicht vergessen: mit den Fingern und im Liegen essen!

Spiele: Original römische Spieltipps findest du auf den Seiten 92 und 93.

Basteln: Du kannst mit deinen Gästen Theatermasken (Seite 69), ein Fresko (Seite 79), einen Mosaikspiegel (Seite 104) oder ein 12-Linien-Spiel (Seite 94/95) gestalten.

Römer-Quiz

Hast du gut aufgepasst? Dann beantwortest du diese Fragen mit links!

1. Was wird in einem Aquädukt befördert?

a. Truppen
b. Wasser
c. Abfälle

2. Welchen Baustoff haben die Römer erfunden?

a. Beton
b. Baustahl
c. Schaumstoff

3. Was ist der Senat?

a. öffentliches Badehaus
b. Gladiator
c. Ältestenrat

4. Was darf in keinem Kastell fehlen?

a. Jupitertempel
b. Lazarett
c. Rasiersalon

5. Womit rechnen die Römer?

a. Mit dem Cornu
b. Mit der Bulla
c. Mit dem Abakus

Lösung: 1b, 2a, 3c, 4b, 5c

Glossar

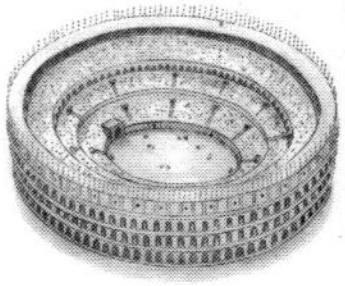

Amphitheater: ovales Freilichttheater für Kämpfe

Aquädukt: steinerne Wasserleitung in Brückenform

Arena: Kampfplatz im Amphitheater, unter anderem für Gladiatorenkämpfe

Atrium: nach oben offener Innenhof eines römischen Hauses

Bulla: Glücksamulett

Circus: Rennstrecke für Pferde- und Wagenrennen

Cloaca Maxima: großer Abwassersammelkanal

Etrusker: Volk, das nördlich von Rom lebte

Feldherr: Oberbefehlshaber

Fluchtafel: mit einem Fluch beschriebene dünne Bleitafel

Forum Romanum: Platz im Zentrum Roms, auf dem Volksversammlungen, Prozessionen und Märkte stattfinden

Gladiator: gut ausgebildeter Schwertkämpfer, der in der Arena auf Leben und Tod kämpft

Imperium: Kaiserreich, Weltreich

Insula: Mietskaserne mit vielen Wohnungen

Kapitol: einer der sieben Hügel Roms

Kohorte: Einheit einer Legion, bestehend aus 480 Soldaten

Kolosseum: Amphitheater, in dem unter anderem Gladiatorenkämpfe stattfanden

Konsul: oberster Regierungsbeamter

Latrine: Toilette

Legion: Heereseinheit mit 4000 bis 6000 Soldaten

Legionär: Soldat einer Legion

Pantheon: Heiligtum, das allen Göttern geweiht ist; besonders: Bauwerk in Rom mit riesiger Kuppel

Papyrus: Papier aus dem gleichnamigen Schilfrohr

Patrizier: reicher adliger Römer

Plebejer: jeder freie römische Bürger, der kein Patrizier ist

Pompeji: Stadt in Süditalien, die 79 n. Chr. durch einen Vulkanausbruch zerstört wurde

Prätorianergarde: Leibwächter des Kaisers

Provinz: Gebiet, das zum Römischen Reich gehört

Republik: Staatsform, in der das Volk die Regierung wählt

Senat: Rat der Alten

Sesterz: römische Münze

Therme: öffentliches Badehaus

Toga: Staatsgewand römischer Männer

Tunika: einfaches Untergewand für Männer und Frauen

Vandalen: germanisches Volk

Villa: großes Landhaus, auch luxuriöses Stadthaus

Volkstribun: Beamter, der von den Plebejern zur Vertretung ihrer Interessen gewählt wird

Zenturio: Offizier, Anführer einer Truppe von 80 bis 100 Mann

Ravensburger Bücher

Die Zeitdetektive

Spannende Reisen durch die Zeit

ISBN 978-3-473-**34523**-6

ISBN 978-3-473-**34524**-3

ISBN 978-3-473-**34535**-9

ISBN 978-3-473-**34536**-6

ISBN 978-3-473-**34537**-3

ISBN 978-3-473-**36983**-6

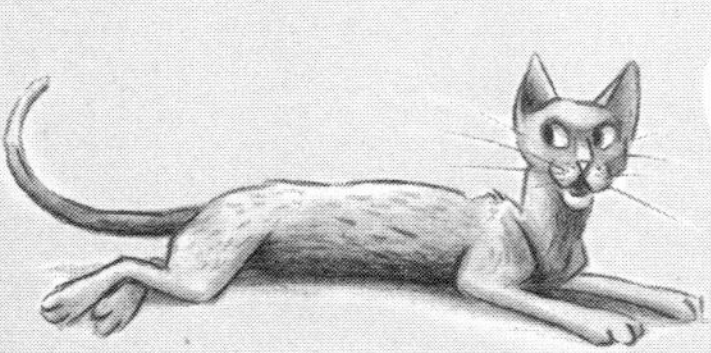

Hast du deine Pfote schon einmal auf ***www.zeitdetektive.de*** *gesetzt?*

www.ravensburger.de

Ravensburger

KISABU_10_008